人人会写作

作文小论

谭旭东 著

文心出版社
·郑州·

图书在版编目（CIP）数据

人人会写作：作文小论 / 谭旭东著 . —郑州 ：文心出版社，2024.1
ISBN 978-7-5510-2901-8

Ⅰ . ①人… Ⅱ . ①谭… Ⅲ . ①作文课 – 教学研究 – 中小学 Ⅳ . ① G633.342

中国版本图书馆 CIP 数据核字（2024）第 001974 号

出版社：文心出版社
（地址：郑州市郑东新区祥盛街 27 号　邮编：450016）
发行单位：全国新华书店
承印单位：河南新华印刷集团有限公司
开本：890 毫米 × 1240 毫米　1/32
印张：9.5
字数：155 千字
版次：2024 年 1 月第 1 版　　印次：2024 年 1 月第 1 次印刷
书号：ISBN 978-7-5510-2901-8　　　　　定价：49.80 元

如发现印、装质量问题　请与印刷厂联系　电话：0371-65957865

人人会写作

具体何时起关注小学生作文,已不记得了。

记得二十多年前,深圳、重庆等地的十几所重点小学邀请我去做讲座。因为是给小学生讲,而且语文老师也有期待,自然就要做做准备,讲一讲读书,讲一讲语文教育,讲一讲写作。

还记得二十年前,《儿童文学》杂志社成立了中国小作家协会,举办小作家培训班,在全国招收数百位爱写作的孩子为小作家班成员,我被聘为导师,不仅给小作家们讲写作,还给他们写了儿童小说写作的教材,计8万字,由《儿童文学》杂志社出版了专辑。

十年前,北京市文联、作协成立了北京作家协会小作家分会,也聘我为导师,还安排我指导了一些小作家,其中,有几位后来考上了重点大学,读了中文专业,成为青年作家。

　　二十多年来，也陆续有少儿报刊约我写一些指导作文的短文，如北京的《动动画世界》约我开了《谭旭东教你写作文》专栏，《中国少年报》约我开了《名家教作文》专栏，《东方少年》约我开设了《谭教授讲作文》专栏，上海的《作文世界》约我开了《名家教作文》专栏，安徽的《农村孩子报》约我开设了《谭教授谈作文》专栏，西安的《少年月刊》约我开设了《谭老师教写作》专栏，我还在《儿童文学》《语文报》《少女》《妙笔》《儿童大世界》《趣味·成语与寓言》和《小学生学习指导》等三十多家报刊开了作文专栏或发表了一些谈语文、谈作文的短文。最值得一提的是，北京的《语文导报》初中版的主编李冰老师约我写了两年的作文专栏，每期刊我一篇1500字左右的短文，谈一些作文的具体问题和要求。西安的师媛老师约我写了一年的作文专栏，每期2000字左右，很受读者欢迎。我还应江西的《小星星·作文100分》杂志编辑杨颖之约，开了一个《小作家》专栏，连续三年，每期我推荐一位小作家的一组作文，并配一篇谈作文的短文。安徽的《农村孩子报》的赵雪妹老师也请我开了三年的专栏，每期还点评一篇优秀的小学生作文。现在我还时常给《写作》《中国校园文学》《东方少年》《小学生之友》《小星星·作文 100 分》《作文世界》《妙笔》《语文导报》《小学生拼音报》《小学生学习指导》和《红蜻蜓》等报刊推荐一些作文，有 1000 多位小学生、中学生经过我的推荐，发表了作文。其中，多位小学生经过我的指导和推荐，写作能力迅速提高，语文学习进步快，后来有的考上了慕尼黑大学、哈佛大学、斯坦福大学和西北大学等国外名校和北大、清华、北师大和人大等国内名校，有的还成了有名的作家、诗人，出版了多部文学作品。

此外，我还多次应邀担任全国作文大赛的评委，并主编过多部优秀作文选，受到很多小学生及他们的家长和语文老师的欢迎与肯定。

关于作文教学，我也做过一些专业的讲座和指导。2013 年至 2017 年，我担任北师大附属学校平台语文教育顾问，兼"中国儿童阅读提升计划"项目首席专家，到北京、广州、洛阳、福州、唐山等地 100 多所小学指导语文教学和儿童阅读，给语文老师做了多场关于作文教学的讲座，颇受欢迎。2018 年初春，我调入上海大学，担任语文教育研究中心主任和儿童文学研究中心主任，在培养创意写作、儿童文学的硕士、博士的同时，也指导语文教育硕士。同时，还担任上海大学附属学校的语文教育教学顾问和专家，指导了"敏思文体教学"团队，主办过"新时代语文教育新变论坛"，出版过《语文教育小论》《作文小论》和《作文课：让创意改变作文》等多部受读者欢迎的著作，也写过二十几篇语文教育和创意写作的论文，并在《语文建设》《语文教学通讯》《语文教学之友》和《中国教师》等语文专业和教育学刊物上发表，算是对作文教学有点研究，有些心得。

　　作文教学是语文教学的重要内容，作文也是语文能力的表现。但如何写好作文，很多人还有很多困惑。一些语文老师不知道怎样教作文，很多家长也不知道如何提高孩子的作文水平，甚至一些作文专家也没把作文的定位找准。

　　其实，作文不难。一些孩子不爱作文，甚至写不好作文，不是他们真的不能写，真的写不好，而是我们的指导不对头。有些老师对初学作文的学生要求太高，或者说，要求得不对。比如，小学低年级要求孩子"写话"时，有的老师和家长就以"作文"来要求孩子了。有的老师给小学三年级的学生讲作文，就要求学生立意、构思等，让他们写高深的主题。其实，刚开始，只要学生能讲一个完整的故事，会描述，会说明，会表达观点，能够流畅地把自己想说的话写出来，就值得肯定。还有的老师喜欢让学生引用好词好句、名人名言或者唐诗宋词，其实，应该鼓励学生用自己的话表达，写自己的话，用自己的语言作文。

本书里收集的关于作文的短文，都是我陆续发表在少儿报刊上的短文，有的可以连贯起来读，有的相对独立，无论如何，都是我自己关于作文的一些观点和方法。希望它们能够切实帮助语文老师、家长和小学生，希望它们能启发小学生理解作文，找到作文的方法，快速进入读写的通道。

在整理和修订这部书稿时，我要特别感谢之前几位信任和支持我的编辑老师，也要特别感谢文心出版社的总编辑余德旺老师。前些日，我在整理书架时，发现《作文小论》出版多年，一直未再版。于是，我在微信朋友圈里晒了一下这本书，希望能找到一个投缘的出版社和编辑，没想到余德旺老师留言说愿意出版，让我备受鼓舞。余总编原来担任《中学生学习报》社总编辑，是真正懂语文教育，也懂作文的专家和出版人，他的信任和支持对我很重要。

今年6月下旬即进入酷暑，7月可谓烈日炎炎，我在家里认真修订《作文小论》，对原来的文章做了整体修改和润色，也删掉了其中不太重要的篇什，并挑选了一些新

人人会写作：作文小论

写的关于作文指导的短文，整理成了一部全新的论作文、论写作的书稿，交给余德旺老师，这是一件很舒心的事。

英美国家的大学很多都推崇创意写作，有1000多所高校开设了创意写作课程，倡导人人会写作，写作可教可学。在那些国家，中小学不但有一般的作文课，还有单独开设的创意写作课程，可见，作文是可以教好的。今天，学校教学条件好了，孩子们的读书环境好了，只要爱读书，会读书，肯动笔，人人都会作文。

期待语文教育和作文教学进入新的时代，也期待人人爱作文，人人会作文，人人成为作家。

2023年7月于北京寓所

目 录

第一辑 人人会写作

写作没有特权 ………………………………… 2
写作不是无缘无故的 ………………………… 7
写作是为了什么 ……………………………… 11
让写作提升精神 ……………………………… 16
写好作文要读什么书 ………………………… 21
写好作文要多读书多认识人 ………………… 25

第二辑 做一个会写作的人

做一个会写作的人 …………………………… 30
写作有什么样的秘诀 ………………………… 35
怎样才能写出一本书 ………………………… 38
写作有没有技巧 ……………………………… 42
写作操练是非常必要的 ……………………… 46
学会用笔倾诉 ………………………………… 51
文学是什么 …………………………………… 57

第三辑 作文是一个有奥妙的过程

如何写好作文的开头 ………………………… 62
如何用第一人称作文 ………………………… 66

如何调遣好语言……………………………70
这样构思写景作文……………………………74
怎么把情感写进作文……………………………78
怎么把人物写得活灵活现……………………81

第四辑　做作文的有心人

做作文的有心人……………………………86
怎么收集作文的素材……………………………89
素材和灵感来自哪里……………………………94
思考与作文……………………………97
要有一双善于发现的眼睛……………………100

第五辑　怎么把作文写得有创意

作文也可以有创意……………………………104
如何把作文写得有创意……………………………109
如何把作文提升到创作……………………………112
作文要有抓人的亮点……………………………117
作文要从小处落笔……………………………121
讲好故事是关键……………………………124
会想象，才会写作……………………………127
创意作文绝不可造假……………………………130
作文如何培养创新思维……………………133

第六辑　作文的常识与意义

作文的常识与意义 …………………………… 138
技巧对谁有意义 ……………………………… 142
作文，从写童话开始 ………………………… 144
怎么写出真情实感 …………………………… 151
如何避免作文同质化 ………………………… 154

第七辑　如何写出优美的诗文

诗是这样写出来的 …………………………… 160
都可以写好散文 ……………………………… 164
如何写出好的游记 …………………………… 168
怎样写幻想作文 ……………………………… 171
如何写科学故事 ……………………………… 175
如何写好趣味知识童话 ……………………… 179
如何写好故事作文 …………………………… 182
写什么作文最好 ……………………………… 187

第八辑　作文是学好语文的关键

语文学习三步 ………………………………… 192
重新认识读与写 ……………………………… 196
理解作文的三个层面 ………………………… 199

作文是语文学习重要一环……………………204
感受阅读、作文与成长的快乐……………207

第九辑　我的作文之路

第一次作文……………………………………212
投稿的惊喜……………………………………215
第一次发表新闻作品………………………219
我的作文之路………………………………225
写作之路的感悟……………………………228
难忘那几家报刊……………………………231
心里点着多盏明灯…………………………236

第十辑　关于作文的对话

读写的八问八答……………………………244
十类作文体式的对话………………………252
作文要克服一个个问题……………………260
读书与写作之路……………………………275
为了孩子，愿意做得更多…………………280
儿童文学写作四人答………………………288

·4·

第一辑
CHAPTER 1

人人会写作

人人会写作：
作文小论

写作没有特权

每个人都有潜在的想象力与创造力，写作能力也可以激发和培养。过去，大家普遍认为写作是一种天赋，好像写作是天生的能力，其实人人可学写作，人人也会写作。

我长期在大学里教文学，教写作，指导过一些大学生和儿童写作，也时常应邀给语文老师讲作文教学，自然有不少感受。其中，有一点感受，就是我始终认为，写作并不难，也不是谁的特权，人人都可以学会。

给大学生讲写作时，我总会告诉他们，写作不是作家独享的权利，谁都可以成为作家。只要爱读书，愿意动笔写，而且能够坚持不懈地写，一定可以发表作品，也一定可以出书。很多年轻作家，之所以能够发表、出版作品，都是因为很爱写，也读了很多书，所以动笔一写，就能找到文字的感觉，就能不断找到写作的技巧，并迅速进入创作的状态。曾经带过一个学生，大一时，她交上一份写作课堂作业，我一看，很棒，文字有不一样的表达方式。我就鼓励她多练笔，到了大三时，她就出版了两本网络小说，后来还顺利考上了研究生。很有意思的是，她没报考现当代文学，也没报考写作专业，而是报考了古典文学。她对我说，攻读古典文学，多读读古代经典，对写作也非常有用。对爱写作的学生来说，学什么专业并不重要，重要的是知识转换的能力和文字的创造力。

　　给一些孩子指导写作，也让我受到很多启迪。这些年，有不少家长托人找到我，希望我收他们的孩子为徒弟，辅导他们的孩子写作。我说，我不开作文辅导班，但他们很诚恳地要我带徒弟，没办法，我只好利用节假日，去指导这些作文出现了困难的孩子。我对这些孩子说，写作并不难，不要害怕写作，当作家也不是大人的事，你们也可以变成小作家。我指导他们写作时，对他们要求并不高，一般是要求他们先写写读后感，而且不苛求字数，只要文从字顺。或者，让他们讲述一两个身边的故事，写写两三百字的小童话。让他们先写些简单的文字，只要写得有些趣味，我就鼓励。我还告诉他们，无论是写作文，还是写诗，写童话，不要怕写的字数多，尽情写；只要想多说话，就

人人会写作：
作文小论

尽管说。先要把自己想说的话说出来，然后再逐渐地让自己说的话更流利，更生动，更优美。我也告诉他们，刚学作文时，尽量不要引用别人的话，更不必引用名人格言、成语典故之类。我主张，初学作文，就要写自己想说也能说的话，描述自己熟悉的生活，讲自己能够讲好的故事。这样写下来，一般半年或一年，就会有很好的效果。少年作家、诗人中，张牧笛、陈曦、苏苏、高璨、王安忆佳、卢梓仪、李拾齐、张央乔、陈佳迅、张千一等，都得到过我的指导，都接受过我的点评。他们写作都是从兴趣激发开始，然后写自己想写的，渐渐地，就进入了正轨，写得越来越好。有时候，读他们寄来的书，我都感叹他们的文字创造力比我强很多。

出去讲作文教学，我也会很鲜明地告诉老师和家长，教孩子作文，不要一开始就要求孩子讲究构思，讲究立意，讲究辞藻华美；不要一开始就要求孩子表达高深的思想，表达高尚的情操。孩子初学作文，文字自然、朴素、纯正、真实就好。在写话阶段，让孩子写自己想说的话，写自己的心里话，写自己的真实的想法。等孩子字词掌握得多了，就鼓励孩子写一个完整的生动的故事，表达自己的情感，描述自己的印象，阐述自己的观点，尽可能把作文写得生动一些,丰富一些,优美一些。初学作文时,激发和培养兴趣是很重要的。在兴趣培养阶段,就对学生要求很高,等于给他们设置了过大的难度。这是很容易让学生对作文产生畏惧心理的。不能一开始就人为地设置写作障碍,要让孩子在没有心理负担的情况下表达。语文老师一定要让学生懂得,每个人都可以写作,都能写作,都能写好。只要想写,只要给他们机会,让他们一步一步地来,他们就能达到写好作文的目标。作文的道理和生活的道理相通,作文和蒸米饭是一样的。要学会蒸米饭,先要让孩子学会淘米、洗锅,然后,再教会孩子加水、插好电。加水不要过多,加热时间不要过长,这些不是一下就能教会的,得让孩子自己实践两次,他就掌握了。如果第一次做饭,就要求孩子做出最让你满意的饭来,就是苛求。因此,当语文老师,不要苛求学生,要让学生对自己有信心,对作文有信心。

　　过去很长一段时间,大部分人因为贫困等原因没法享受学校教育的权利,且读书学习也没有好条件,因此写作是一件不容易的事,作家好像很神圣。现在,大家都可以上学读书,认识很多字,读了很多书,写作就不难了。写作没有特权,写作也不是部分人的专利。只要想写,愿意写好，一般人都可以通过不断的训练，成为作家、诗人，发表作品，出版图书。在作文方面，家长和老师要多鼓励孩子，给孩子信心，给孩子耐心。

写作不是无缘无故的

虽然人人可以写作，人人也能写作，但写作并不是无缘无故的，而是有理由的。为什么写作，写什么，怎么写，都是有理由或技巧的。不要以为都靠天赋，那种认为只有天才才会写作，认为作家、诗人和艺术家都是"疯子"的说法，其实不仅是无稽之谈，而且也是对写作者的一种偏见。

为什么写作呢？不同作家的经验不一样，给出的答案也会有差异。如创作《百年孤独》的哥伦比亚作家加夫列尔·加西亚·马尔克斯就说："我写作，为了使我的朋友们更加爱我。"阿根廷女作家西尔维亚·奥坎波写作的理由也有类似之处，她说："写作是为了使他人爱我，爱我认为应该热爱的东西，不忘记世上之要事——友谊、爱情、智慧和艺术。"但我更推崇美国作家迈克尔·赫尔说过的理由："我从事写作不是为了表现自己，出风头，而是觉得语言很重要。文字可以概括整个世界。事实上，人们正用语言来建设一个理想的世界。天堂和语言相连，地狱就是它的糟粕。当我在童年时代，为了掌握自己的命运，成为一个强有力之人，我就渴望写作，渴望成为一名海明威式的作家。"

赫尔的写作理由非常值得我们学习和思考，写作的确是可以证明自己，也能让自己变得强大的。从事写作近三十年，小说、散文、诗歌、童话和寓言我都写过，也写过很多文学评论，出版过一百多本书，也主编、翻译过不少文学图书。小时候渴望写作，就是因为很羡慕那些作家，羡慕他们能够用文字创造一个个非常美妙而深邃的语言世界。上大学后，随着阅读面的拓展，自己对文学写作理解的加深，就领悟到，写作也就是玩文字魔方，写作的工具不仅仅是钢笔、电脑或纸张，也是一个个的文字。业余作者也好，专职作家也好，每个人的写作都是用文字建造一个语言世界。说白了，写作就要学会运用文字，然后用文字排列组合出各种文体、各种风格、各种内容的文学作品。而且他的语言实践越多，他的技巧就越娴熟，他的语言世界就越奇妙。

因此，要写出好的作品，成为真正的作家，或者成为具有语言能力的人，必须要有一些基本的语言知识，比如说，学习一些修辞，学习一些语法，掌握一些叙述技巧，学会陈述、描绘与抒情的方式，等等，这些都是很有必要的。如果缺乏基本的叙述技巧，那就不会编故事；如果缺乏基本的描绘能力，就不能把一个人的外貌写得活灵活现，就不能把一个人的行为描摹得绘声绘色，就不能把一个景物的特点呈现得清清楚楚；如果缺乏抒情的技法，就很难准确地表达自己的情感，就无法把内心的愿望倾诉出来。所以，在课堂上，我常提醒中文系的学生，一定要学好《现代汉语》这门课程，这门课程会让学生了解现代汉语的用法，告诉他们组装文字魔方的技巧。我也总爱对中文系的学生说，一定要爱读会写，如果不能做文字的魔法师，那么学一门语言就有点亏了！而对那些非中文专业的学生，我会鼓励他们多品读一些文学经典，感受那些了不起的作家的文字功夫，体会一下作品中的一些写人、绘景、状物和抒情等手法。这些都是语言的能力。谁掌握了这些技能，谁就拥有创造新的话语的资质。大学毕业后，做技术员也好，做科学家也好，做行政人员也好，都需要语言能力，都需要用语言文字来总结概括自己的知识，自己的想法，自己的技艺，自己的新发现和新感受。

人人会写作:
作文小论

　　文学是人文学科中最具有弹性的一门学科,之所以说它最具有弹性,就是因为它所建构的语言世界就是人的情感、思维和思想的世界,是把人与人、人与自然、人与社会,乃至人与世界连接在一起的语言殿堂。对于爱写作,也想写出好的作品的人来说,理解了这一点,就更加能意识到写作应该是什么了,或者说,一定会明白自己写作的理由到底是什么。

写作是为了什么

二十年前的一个暑假,在北京的一个宾馆,我给参加中国小作家协会举办的夏令营的小朋友们做了一次讲座,当然听讲座的人不仅仅是小朋友,还有他们的爸爸妈妈。讲座的题目是《亲近文学,提升精神》,我对小朋友们说,从小要亲近文学,文学不仅承载着母语文化的深邃内涵,也体现着人类智慧和思想,如果我们亲近文学,多读书,读好的文学书,就能提升自己的精神,做一个情感丰富、人格健全的人。台下的小朋友们听得挺认真的,那些陪同来的爸爸妈妈也听得很认真。他们在我讲座结束后,给我提了不少问题,如:一个小朋友抱怨爸爸妈妈不爱给他买课外读物;一个小朋友说她妈妈一天到晚就让她学习、做作业,只有午饭后才可以休息一会儿;还有一个小朋友问中学生应该读什么样的书;有一个家长还问我怎样才能让孩子远离电视和电脑……他们的问题看似可笑、琐碎，但都反映了家长在教育孩子过程中普遍存在的一些不科学的观点和方法。

　　有一个来自河北的小朋友问了一个这样的问题，她说："写作是为了什么？"这个问题挺大的，好像每一个初学写作的人都想知道这个问题的答案，特别是很多家长也想知道为什么要写作，写作对孩子有什么用。我小时候也对这个问题很感兴趣。在现实生活中，人们已经习惯问类似的问题，比如"读书是为了什么"和"上大学是为了什么"之类，因为大家做事都想有个直接的目的和结果，这样的想法尽管有点功利，但也说明大家都希望做事情有成效。那么，写作究竟为了什么呢？

　　首先，写作是学好语文的必要一步，也有益于培养母语意识。每一个小学生都要学会写作，这是语文学习的基本要求，而作文的目的就是检验学生运用语言的能力，培养学生对语言的感悟力和创造力。所以要明白为什么要写作，先得知道学语文的意义。想一想，无论是哪个国家和民族的人，都要有语言能力，都要熟悉自己的母语。我们都是中国人，中国人要是学不好中文，不能领略母语的魅力，那怎么行呢？学好语文，不仅仅是为了考试，还是为了表达。如果不会用自己的母语来表达感情、思想，那么还能做科学家和文学家吗？还能做别的技术活儿吗？人既要会体验和思考，还要会表达。语言文字的表达就是要告诉别人我们的所思所想，让别人理解我们，和我们交流。语言文字可以容纳我们每个人的生命体验和生活经验，也可以总结人类的文明成果，任何科学发明都要用语言文字表达出来。同时，学语文，也培养我们对母语的感情。对自己的母语都没有感情了，那是很可怕的。因为无论我们做什么，都离不开自己的母语。我们在母语文化里成长、生活和工作，母语文化是每个人都无法离开的人文环境。掌握母语，意味着会写作，爱阅读，意味着能从语言文字世界里体验许许多多的乐趣，找到很多很多秘密。一旦我们认识到了母语的重要性，就找到了对母语天性般的热爱，这样，就会自觉地了解很多文化，感悟不同层面的生活和世界，我们的情感和性格会变得丰富，生活也会变得丰富多彩。

其次，写作也是考试的需要。在很多场合，写作不仅是考试的一个重要内容，而且是用来衡量一个人的能力的重要方式。无论什么课程，考试都要答题，答题就是一种写作。不过，作文考试毕竟只是写作的一个小小由头，不是写作的全部。当我们写作时，这个过程就已经对我们有意义了。虽然我们可能开始写得并不怎么好，可能还没有达到作家的水平，但运用语言文字、学会表达的过程，已经对我们的情感，对我们的能力，对我们的知识产生了影响，它让我们感受了很多难以言传的东西。爱写作，有一个前提，就是要动手写。培养对写作的感情，感受语言文字的魅力，是要我们去行动的，是要我们切切实实的行为和练习的。不动笔写，不写出一首诗，不写出一个故事，不写出一篇美文，就无法理解语言文字的魅力，就无法感受语言文字的美妙，就无法用文字细腻地表达对生活的、生命的感受。不动笔写，就写不好，当然也谈不上作文考试得高分，也谈不上将来做作家，更谈不上将来会用语言文字表达自己的想象和创造。

  现实生活中，写作给人带来的好处不胜枚举，比如，学会了写作，有一天离家远行，想念爸爸妈妈的时候，至少可以展开信笺，用准确的语言表达对爸爸妈妈的思念；当远离家乡和祖国，就会用生动的文字表达游子的心情；当遇到一个很爱的人的时候，就可以用动人而贴切的语言文字表达内心的爱意；当对社会不良现象和风气非常反感和愤怒时，就可以用中肯而诚实的语言文字表达忧虑和担心，甚至批评……写作的好处很多很多，如果养成了写作的习惯，培养了语言文字表达的能力，就会发现写作真的是一件离不开的事情，工作、生活的方方面面都离不开它。上学时，学习每门课程，将来参加工作时，做工作计划，做工作总结，写研究报告，写申请书……都会发现写作能力是非常重要而有用的。

  说到这里，大概就知道写作是为了什么了。在我看来，写作可不只是为了当一位作家，不只是为了作文考试得高分，还是因为它是作为人的基本素质，每一个现代文明人都需要这种能力，写作是现代社会生活和工作必需的能力。拿起笔吧，展开稿纸，或者打开电脑，敲下键盘，学会写作，学好写作，功夫不负有心人，你一定会感受到写作的用处和价值。

让写作提升精神

记得当年中国小作家协会在钓鱼台国宾馆正式宣告成立后，开展了不少形式生动活泼且有利于培养小作家写作能力的文学活动。作为其主席团的成员和导师团的导师，我亲身感受到了小作家协会负责人、《儿童文学》杂志的主编徐德霞老师和其他编辑们以及一些作家潜心指导小作家创作，认真培养文学新人的奉献精神，也为此感到非常高兴和振奋。

随着素质教育理念的深入人心，许多家长和老师都重视孩子语言能力的培养及写作水平的提高，家庭和学校都日益重视少儿文学素养的培育。因此，社会上也涌现出了不少优秀的少年作家，21世纪之初，就出现了"少年出书现象"和"低龄化写作现象"，且成为媒体报道的热点，这有其必然性的一面。但我一直反对家长借孩子写作特长来

第一辑

人人会写作

进行商业炒作，因为对于少年儿童来说，学业毕竟是最重要的，学习是"垫底的工程"，从小学、中学到大学，这是一个人的精神成长和文化养成所必经的过程，最好不要中断它，不要提前让孩子离开学校这个学习环境。但需要强调的是，语言教育、文学教育是必需的，对于少儿教育来说，阅读和写作是不可缺失的环节。让孩子爱上读写，亲近文学，就是亲近母语，是语文课的延伸，不仅有助于孩子学好语文这门课程，而且有助于培养孩子美好的情操和健康的人格。经典的文学展现的是一个个美好的语言文字世界，也是一个个纯粹的情感世界，还是一个个空灵的精神世界。爱读会写的人，除了有良好的语言文字感悟能力外，通常还善解人意，会真诚待人，也会对生命怀有敬意，对生活怀有热望，对事业怀有理想，对世界怀有温爱。所以让孩子爱上读写、亲近文学是没有错的，一个完美的童年离不开文学的滋养，一颗完美的心离不开文学的润泽。从这个意义上来说，家长和老师支持孩子去参与文学创作，去参加文学活动和一些写作比赛，让他们在课余时间走进文学的世界，是非常有价值且非常值得去做的事情。不但小作家协会给孩子们提供了一个亲近文学的机会，其他的文学比赛和征文活动也是家长和老师们引导孩子参与文学

人人会写作：
作文小论

创作活动、提高语言能力的平台。令人高兴的是，这些年，我看到了不少作家和少儿报刊的编辑老师积极组织各种写作比赛和文学交流活动，他们的热心奉献取得了良好的社会效果——每年寒暑假，来自全国各地的中小学生，在老师们的精心指导下，不仅写作能力有了普遍提高，而且相当一部分小作家在《儿童文学》《少年文艺》《中国少年报》《儿童大世界》《文艺报》《中华活页文选》《东方少年》和《中国校园文学》等报刊上发表了不少优秀的文学作品，其中有的甚至还登上了《儿童文学》和《中国校园文学》等杂志的《文学佳作》栏目，成了头条稿。

我翻阅了多部小作家的作品集，对"少年出书现象"和"低龄化写作现象"的情况比较了解。中国小作家协会十多年前举办的"中国小作家杯"儿童文学奖的评奖就让我记忆犹新，那次评奖除了奖励那些获得金奖、银奖、铜奖的小作家外，还将他们的获奖作品结集出版，这又是一件很了不起的事情。对小作家的文学创作给予这样高度的重视，当时在全国还是很少有的。读了这些获奖的作品，我感到特别欣喜的是，小作家笔下的文字，可以说是达到了相当高的水准。如获得金奖的组诗《你说我是一朵黎明的花》，作者就是我指导的天津小作家张牧笛，她的诗歌意象清灵活泼，语言具有音乐的旋律，且体现了女孩子细腻的情感和独特的敏悟。牧笛写好后发给我，我一读，就觉得很棒，推荐给了《儿童文学》杂志，刊为佳作头条。我还知道，张牧笛不但爱好文学，而且其他功课学得也很好，这更加令人欣慰。获得金奖的散文《老梧桐》也非常棒，作者是河南小作家韩冬琦，这组散文以"春、夏、秋、冬"四季更迭叙述"我"对爷爷的思念和爱，且语言富有诗意和哲理，可以说这组散文是典型的"散文诗"。获得银奖的小说《种爸爸》也是非常优秀的，题目就给人一种新奇感，爸爸怎么能"种"出来呢？可是当读完了小说，你就知道为什么"我"要种爸爸啦！小说中蕴含的深沉的爱是多么感人肺腑！我真的惊奇于小作家的内心世界是多么的丰富！而获得银奖的童话《鼻子出逃记》的想象力可谓奇特，看似荒诞的手法，却包含了真实的深刻的现实问题。环境污染应该不是新鲜话题了，可为什么不能引起每一个官员的重视和公民的注意？小作家的公民意识之强，令人鼓舞！还值得肯定的是获得银奖的散文《经历》，这是一组哲理散文，其中少年的感悟不是"为赋新词强说愁"，而是真实的心灵的披露。善于思考，善于理解，这是难得的生命品质。坦率地说，我是怀着激动的心情来欣赏小作家们这些佳作的,不过限于篇幅,这里不可能一一品析解读,我相信读者是有眼力的。

近几年,虽然全国性的少儿文学夏令营不多了,但社区、学校和报刊组织的写作比赛还是很多,越来越多的家长也认识到读写能力的重要性。中小学作文教学也有了很大的改变,创意写作的观念已为越来越多的人领悟。愿更多的少儿朋友参与文学阅读与写作,期待更多的学生真正爱上读写,感受文学之美妙。

写好作文要读什么书

只要有空闲时间,我就喜爱和小朋友交流写作和学习的经验与体会,所以每当有中小学校邀请我去做讲座,我都尽量欣然前往。多年前,在深圳南山区一所小学做讲座时,收到了一个小朋友的纸条,上面歪歪斜斜地写着:看什么样的书可以写出好作文?当时因为讲座安排的时间很紧,没有及时回答这个问题。但我一直保留着这张小纸条,这样的问题估计很多小朋友一定都问过。记得自己小时候,我也向老师问过这样的问题,那时候多么想通过读几本书,就能解决写作文的问题呀!

在回答这个问题之前,我想分析一下这个问题背后的心理。问这样问题的人,一般都有一种想走作文捷径的愿望。作文有没有捷径呢?肯定没有。是不是读了几本教学生写作文的书就会写好作文呢?也不是。书店里摆放了

人人会写作：
作文小论

那么多优秀作文选之类的书，读了的学生是不是都会写了呢？肯定不是的。也许有人会反问：如果读几本书也解决不了写作文的问题，作文书又有什么用呢？如果这样问的话，真的有点急躁了。作文有方法，比如多读书，尤其是课外的文学阅读非常重要。如果你不读书，没有一定的阅读量，语言文字感受力和对文学内涵的感悟能力不可能无缘无故地产生。不多读，不会感受，不能感悟，怎么会有理解，怎么谈得上用文字表达呢！当然，多读书固然好，但也不是说谁读书的数量多了，写作能力就提高了。多读书，不仅指的是要经常读书，把课外阅读变成自己的一个良好生活习惯，把课外阅读当成日常生活的一部分，而且还需要在读书时专注、思考。如果不专注，不认真思考，不琢磨文字里的技巧和奥妙，那么读得再多，也没有消化好书中的精华，没有吸收书中的营养。记得小时候特别喜欢读课外书，尤其喜欢读一些报刊，比如《儿童文学》《少年文艺》等，读的时候一边领会文章里的思想内涵，一边在想：要是我也能写出好文章并能够在报刊上发表就好了！我经常这样想。这就驱使我去提炼这些作品里最值得欣赏和借鉴的语言或技巧，然后模仿着读到的诗文，去写作。记得自己曾经模仿严文井的《小溪流的歌》，写过一篇歌颂小溪流的小短文，还投给了长沙的《小溪流》杂志。在作文课堂上，我总想写得比别的同学好一些，总希望得到语文老师的表扬。这种羡慕的心理，这种对写出好作文的荣誉感的渴望，鼓舞了我，激发了我，让我每一次写作文时，都挖空心思，绞尽脑汁，想写出令老师眼前一亮的作文。由于每次都很认真地对待作文，总想写出达到发表水平的文章，后来终于获得了语文老师的肯定，课堂上我的作文经常被点名表扬，还被当作范文在课堂上朗读。

　　上面讲的这些，看似跑题了，其实并没有跑题。想想看，作文能力怎么也不会无缘无故地提升的。不读书，谁突然就会写作了呢！说到读书，当然要选择适合自己阅读的好书，当然这些好书也包括一些优秀的少儿报刊。我不太赞成小学生刚认识几个字，就去读《三国演义》和《水浒传》这样的大部头名著，厚厚的几十万字的小说，小学生不可能去细心阅读，也不可能在这么厚的书中耐心地寻找自己需要的营养，只能去浏览。很多人读长篇小说都是为了消遣，而且长篇小说那么长，要写得引人入胜，就要在情节上花工夫，因此这就意味着有些读者可能在读长篇小说时，仅仅是跟着情节走，而不是跟着思想走。当然，要写出好的作文，还有必要读读别人写的好作文，如一些作文杂志上刊登的同龄人的作文。大部分少儿报刊上都会刊登一些学生的习作，可以去读读，去学习一下。了解其他的学生是怎么讲述一件事情的，是如何表达自己内心感受的，是怎样描绘一个景物的，是怎样抒发自己情感的，是怎么阐发自己的观点和看法的……这些都是必要的。如果想写好作文，又不想去读别人的文章，又不想去学习别人，除非自己是所谓的"天才"。

可是，真的有天才吗？天才生下来的时候，和我们一样，都是不会说话、不会走路的小婴儿。没有一个人一生下来，就什么都会，就学富五车。任何一个人都需要学习，才能从一个什么都不会的人变成一个优秀的人才。因此，这里强调一点：写作文是需要读书的，需要读一些适合自己读的文学作品，也需要读一些同龄人写的作文。有比较，才有鉴别，读别人的作品，至少可以发现自己在写作上还存在哪些差距。

我请耶鲁大学的苏炜教授来讲课，他告诉我，耶鲁大学开了一门本科生的写作课，就鼓励学生写呀，写呀，反复进行写作训练，写作水平自然就提高了。爱读书，也读了很多好文章的人，只要多练笔，写作水平自然就会提高。

写好作文要多读书多认识人

要写好文章是要做一些知识准备的。人的知识从其来历来分的话,大体分为两部分:一是书本上的知识,这是间接的生活经验,是别人通过书籍告诉你的。二是生活中的知识,这是直接的经验,是通过认识人,接触生活,观察生活,才能得到的。我曾指导过一位小学生的作文,从她的作品可以发现,她写作主要是因为自己爱读书,她阅读了很多文学作品。当然,她还受到妈妈的影响,很小的时候,妈妈就给了她文学的营养,所以在想象力的培养方面,她比一般的少儿朋友要早一些。这显然是课外阅读、家庭指导起了很大的作用。

记得自己之所以爱写作,也是因为小时候家庭阅读环境相对比较好,读了别的作家的作品后,觉得自己也可以尝试,也可以写出一些有趣的事情来,于是就动笔

人人会写作：
作文小论

写了。这位小学生在给我的电子邮件里，有一篇自己的写作感言，现在摘录出来，也许她的话更能清晰地表达我的看法：

  写作就是把心中想的故事用文字的形式表达出来，让别人看到你心中的世界，这样别人就能用你的眼睛去看到这个世界。一本书就是用许许多多的文字编织成一个奇幻的世界，跟别人想的不同，看到的东西也不一样，能带给人惊喜，这不就是写作的乐趣吗？

  小时候，遇到许多不懂的事，我总是问"为什么"，其实有许多简单的问题现在的大人也不是真的明白，就是因为不明白所以才能写出最天真的东西。比如我不满足于大人们告诉我的东西，总是用自己的眼睛去了解这个世界。有时候，自己可以是其他人，甚至是动植物，是物体，都能说话，都有自己的喜怒哀乐。因为只有了解得多了，才能看到更大的世界，写在纸上的文字才能真正流入读者的心。

  平时在家里，我喜欢看漫画，听音乐，晚上出去走走，看看城市的夜景，说不定就又有故事出现在脑海里了。写作不是什么难事，把你心中真实的情感写出来就好啦，哪怕没有什么修饰和写作方法。平时老师留作文尽量好好写，一定就能给你创作灵感。有很重要的一点，要多读书，坚定自己的想法，想什么就马上写出来，别给自己留下遗憾。小孩子就应该用自己的口气说话，而不是走别人的路，说大人的话——那样是很可笑的。

多读书不只能学到知识，还能学到一些经验，遇到什么困难，难以选择的事，书中也许有类似的事，能给我们启发。因此，一本书也许能改变一个人的命运。当然，多认识一些人，各式各样的人，会带给我们不同的认知。没有什么人是交不到朋友的，各式各样的人才能给我们带来不同的生活体验，让我们体会到生命是丰富多彩的。

这位小学生还给我发来了她的阅读感受，我读了，写得非常好，基本概括了我的看法，而且我也有同样的经验。小时候，最喜爱的事情就是去买书读书，虽然那时候并没有多少钱，但每一次爸爸给我一点零花钱，我都去买了鲁迅、郭沫若、冰心、艾青等一些名家的著作。大自然，给了我对世界的第一份纯真认识；家，给了我爱的温暖；读书，给了我写作的第一个动力。今天，优秀的文学作品依然影响着我，引导着我，也让我感受到生活的多种滋味。

我相信，任何一位朋友都有如此体验，多读书，接受间接经验，多识人，多接触生活，增加直接经验，就可以获得很多写作的素材和认识。

第二辑
CHAPTER 2

做一个会写作的人

人人会写作：
作文小论

做一个会写作的人

如何做一个会写作的人？很多人都急切地希望能够找到它的答案。这里，我想轻松地说说对作文的看法，希望给每一位想写好作文，并且希望在文学上有所创造的人提供帮助。

作文是小学语文课的一个重要内容，也是每一位小学生都必须训练的文字表达能力。作文不仅仅是为了考试，还是为了记录，记录自己的所见所闻和所感，记录自己的生活经验；作文也是为了表达，表达自己的心灵，表达自己的见解，表达自己的情感，表达自己的愿望和理想。

谁都希望自己很会写作，希望自己的作文写得很美，很感人。这里，不妨和小学生谈一谈写作的体会。

总有人问，写作是不是有天赋的因素呢？我想，没有谁一生下来就是伟大的作家，更没有谁不用练习作文，就变成了妙笔生花的尖子生。小学生作文，是最基本的文字训练，是在逐步检验学生的语言文字运用能力，是在训练学生的语言感觉，所以作文不只是记录，不只是讲述，它还需要用心灵触摸文字，需要用悟性来感受生活，需要抒情，需要更好的表达。

对于作文，我有以下几个具体的感受，希望小学生能够有兴趣了解。

首先，写作文的时候，笔下的文字，应该是生动活泼的，是富有生命质感的。也就是说，作文时，文字要是活的，而不是死的，僵硬的。说得实在一点，就是写作文时，少不了要选好形容词，形容词是描绘性的，是修饰性的，选得好选得准，就会使自己描绘的对象特征鲜明，性格突出，给人留下深刻印象。写作文时，还要用好动词，动词是描述动作的，可以使动作更加传神，有时一个动词就把一个人或一个动物给写活了。如，出去郊游，看到美丽的景色而内心非常激动时，肯定有一种要抒发自己情感的冲动，这时用文字记录下来，就不能仅仅用平静的语言来描述看到的一切，必须用跳跃的活泼的词语来叙述自己的所见所闻，来描述自己的感受，不然那种看见美景而产生的激动的情感就不会给人涌动的感觉。所以，每当作文时，笔下的词语必须是洋溢着灵气与生机的。现在我写作时，就有一种感觉，每次要用到一些合适的词语时，都觉得自己的心田里，好像有一粒种子在萌动，它拱出了土地，吐出了新芽，它挠得我心里痒痒的。

也许有朋友会说，如果要你来客观描述一下某种产品，你的文字还要是活的吗？我的回答是，如果真的只是要写"说明书"，我认为也不要觉得不需要趣味。说明文虽然是一个刻板的所谓"作文文体"，但现实生活确实需要它，比如介绍一个产品，介绍一个建筑物，介绍一种植物，等等。写说明文也是可以用比较巧妙的方式的。记得上小学时，老师布置学生写一篇题为"猪"的说明文，我就是用童话的形式来写的，我把"猪"拟人化，然后通过他和他的爸爸妈妈（猪爸爸妈妈啦）的口吻来把关于猪的知识介绍出来，寓知识介绍于故事之中，结果语文老师批改后，给了我一个满分，还在班上表扬了我想象力丰富。当然，如果只能写很客观的产品说明书的话，也应该得到语言的训练，因为准确的介绍和说明，也需要语言规范，也需要有层次，有秩序，有条理，而不是东拉西扯。

其次，写作文在某种意义上是一种好的学习生活习惯，需要认真培养。如果一位学生从来没有用心去对待作文，把作文当作可做可不做的事情，仅仅是勉强过老师布置的作文的"关"，那就不会对作文有什么感情，也很难写出熠熠生辉的文字，也很难感动读者。因为自己都没有被感动，怎么能感动别的读者呢？所以，做一个会写作的人，得爱好写作，从小要对作文感兴趣。当然，这又需要喜爱阅读。一个不爱阅读的人，怎么会对语言文字感兴趣，怎么会想到自己也要运用语言文字来写作呢？

还想强调的是，作文的确是需要用心灵触摸文字的。作文时，要用生动的、有意义的、富有张力和质感的文字，描述自己的所见所闻，表达所思所想，首先感动自己，然后感动读者。当然，检验是否用心触摸了文字，有一个好办法，那就是每当写好一篇文章，就大声地朗读一次，给自己听听，如果自己觉得心里一热一热的，那么这篇文章一定是不错的。当然，如果读给身边的亲人、朋友或者同学听听，他们也觉得很好了，那么这篇文章一定是相当成功了。

最后想说的是，和"作文"成为好朋友，每天都去亲近它。同时，买一些好的作文书和文学著作来读一读，看看别人是怎么写人、记事、状物、绘景的，看看别人是怎样表达观点、抒发感情的，看看别人是怎样张扬想象力的。

人人会写作：
作文小论

还可以有选择性地学习下那些"大师写作课"，看看他们是怎么认识写作、理解写作，又是怎么教人写作的，他们的课程是否能够引起自己的共鸣，并激发写作热情。

美国的创意写作教授雪莉·艾利斯写了一套关于创意写作的书，书名就叫《开始写吧！》。对写作来说，开始写，是最重要的。动动笔，写一写，记一记，把自己的所见、所闻、所感都写下来，时间一长，对文字就有了感情，就有了感觉，不是那种有负担的感觉，而是会产生一种朋友般的亲切感，从而感觉到轻松快乐而充满自信。

写作有什么样的秘诀

在外面做讲座,有同学递上纸条问道:"老师,您能给我一些写作的秘诀吗?"这样的问题,既有意思,又有点好笑。写作确实是有秘诀的,而且它有很多秘诀,但是要一下子很明白地说出来,可不是件容易的事。因为,写作的秘诀与其说是可以说出来的,还不如说是只能实践出来的。也就是说,写作的秘诀是在实际的写作过程中才能感受领悟到的——当每天用笔来描述所看见、所感觉到,而且愿意写出来给自己看或给别人看的事物的时候,我们已经在慢慢地体会写作是怎么回事了。

在作文课堂上,语文老师读着别的同学的优秀作文的时候,有的学生可能非常羡慕,也希望自己能写出好文章来,也得到老师的表扬,并且也想象过语文老师将自己的文章当作范文读给班上的同学听。在课余,当读刊物或报

人人会写作：作文小论

纸上一些作家的好文章时，我们可能也非常羡慕，甚至希望自己也变成一位引人注目的大作家。或者有时候，虽然并不希望将来能成为一位优秀的作家，不过我们盼着自己的作文在考试中得到高分……在学习语文的时候，在打语言底子的小学阶段，差不多每个学生都希望寻找一些关于作文的秘诀，希望写好作文。我也曾经有过这样的想法，在刚开始学习作文的小学三年级，还盼望有人能发明一个作文的模式，然后我们照着添词填句，依葫芦画瓢，就能做好文章。但这种想法真的天真，因为即使别人有了好的方法，对于我来说这个方法也不一定适合。所以没有谁能给别人一个满意的作文秘诀——一个不费心就能写好诗、故事、散文的方法。只有靠自己不断地写，勤奋地写，写多了，写成了习惯，才能渐渐懂得作文的奥秘。记得小时候，我读了《儿童文学》《少年文艺》和《小溪流》等杂志以及冰心、严文井这样的大作家的文章，特别想当一个作家，于是就模仿这些作家的文字，写小诗，写小故事，虽然写得很幼稚，写得很直白，但经常一写就是一小本。小学时我的语文课本总显得很脏，因为每次读到课文里的好句子时，我总爱在课本的空白处模仿着写一些类似的句子。有一次语文老师抽查我的背诵情况，看到我的课本上写满了文字，就批评我，说我不爱惜课本。但当他发现我是在模仿着写一些好玩的句子时，就转怒为喜，一边读着，一边用手指在我头上戳了一下，说："你这小东西，脑瓜子倒挺机灵的。"

我经常接触小学生，那些作文不太好的同学，一般是很少动笔的。有的当然是家长督促不够，有的是自己把课余时间花在了看电视、玩电子游戏和玩手机上，有的是因为很懒，不愿意动笔，恨不得不学习不费劲就能得到优异的成绩。有一次在深圳南山区一所学校做讲座，发现那儿小学一年级、二年级的同学都能写出上千字的作文，而且有不少达到了发表水平，真的很惊讶，也非常欣喜。那里的老师告诉我，他们的学生不仅大部分养成了写日记的习惯，而且也很喜爱读书，很喜爱思考，写作的能力自然就提高了。这使我想起了大作家福克纳，别人问他写作有什么奥妙和方法时，他说："读书，读书，读书。"读多了，动动笔，就会写了。看来，写作的秘诀找到了——当动笔的时候，当经常练习写作的时候，自己已经掌握了写作的秘诀！

有了写作的秘诀，读到了别人写的好文章的时候，就会理直气壮地说："我也能写得这样好！"

人人会写作：
作文小论

怎样才能写出一本书

爱写作的小读者问题可真多。一个小读者知道我写了很多书，就问："怎么样才能写一本书呢？"看来，这个小读者听了主持人对我的介绍，很羡慕我有"作家"这个头衔。小时候，每一次翻阅《儿童文学》《少年文艺》等杂志和《中国少年报》这样的报纸时，特羡慕在上面发表作品的作家，尤其是那些照片和题词刊登在杂志和报纸上的作家，更是令人钦佩。做一位作家多好呀，写出好文章，写出一本一本的好书，上面还有照片和介绍，让别人读得津津有味，那多好呀！

记得小时候，读过冰心的《寄小读者》后，特别希望能见到冰心这样的作家，也希望自己长大后能够像冰心那样，写出能让读者喜爱的好作品。遗憾的是，虽然自己现在真的变成了作家，也出了不少书，但还是没有见到自己非常羡慕和钦佩的冰心,因为我到北京读研究生时,冰心已经去世了。与许多大作家相比,冰心写的书不多,可她的作品非常受人欢迎,讨人喜爱,看来大作家不一定是写了很多很多书的人,而是要赶上时代,赶上读者的阅读趣味。我曾想,要是我能写出一本像《寄小读者》这样的书就好啦。可惜,到现在我还没有写出这么有影响的作品来,冰心作为五四文学的代表人物,是被写进文学史的,读中文系的大学生,都要了解她。不过,不要紧,我还有机会,还可以努力,毕竟年龄还不大嘛。读者朋友是不是也这样想呢?不过,我要对小读者说,如果你想写出一本书,并为之努力,将来说不准真的变成了一个作家,一个写出了一本自己满意而且读者也很喜爱的好书的作家。

言归正传,怎么样才能写一本书呢?这个问题回答起来可不难,写一本书一点都不难,现在不是有很多少年都出了书吗?"小作家现象"和"低龄写作现象"早已经不是新鲜事了,写作本来就不像有人想象的那么难,按照现在小学生的识字量,每一个小学生都可能变成一个会创作的小作家。我到北京、上海和深圳等一些学校去做讲座,去观摩那里小学二年级的课堂作文,我当场出了五个作文题目,让他们来写作文,半个小时内就有不少同学写出了

500字的童话或生活故事。这些学校的学生也不是特殊材料制成的，他们不过是家庭教育条件比较好，享受过亲子阅读，多读了一些课外书，多练了练笔而已，他们也没有什么作文的绝招。根据我的家庭教育经验，孩子掌握了1500个常用的汉字，就能写出不错的100—200字的作文，因此只要经常练笔，多写点日记和随感，把老师布置的作文好好地写，小学生写出一本书并不是难事。

对不少学生来说，写一本书并不是一个高不可攀的目标。一个学期有20周，如果每一周都能写出一篇出色的作文，那么一个学期下来就有20篇好作文。把这20篇作文打印好，装订起来，配上彩色的封面，就是一本很美丽的书了。二十年前，我到深圳参加一个校园文学活动，在一所学校参观时，有一件事让我感到既惊奇也很佩服——那所小学展出了500本学生自己写的书，这些书每一本都是一个同学的优秀作文集，有的是诗，有的是散文，有的是童话，有的是科幻故事，有的是小说……我问校长为何学生这么能写，他对我说："同学们爱写作，而且写得好，学校就决定拿出一笔钱，帮助每一个爱好写作的学生印出一本书。"当然，这些学生的书的印数可不多，每一个人的书只印了几十册，其中一册是留给学校的。我翻阅了其中好几本书，写得真好，文字优美，情感丰富，而每一本都有作者独特的见解和风格。我也认识西安市实验小学的一位学生，她叫高璨，五年级时就出版了3本书，一本是散文和童话集，两本是诗集，她特别勤奋，课堂作文认真写，课余还大量阅读文学作品，各门功课也学得好，还参加了不少社会活动，我问她写作耽不耽误学习，她说不耽误。她爸爸把她的书都寄给了我，还把她的作品通过电子邮件发给我。每一次读她的作品，我都很受鼓舞，也很佩服她勤奋好学。高璨后来学习很顺利，考到了湖南大学。

现在各地学校的条件好了，很多家庭也重视读写，只要好好写，把作文课当回事，写出一本书不算一件很难的事。因此我要说，如果想要写出一本书来，好好地练笔，多读读书，写作勤快一点，作文课认真一点，肯定能写出来。手越用越灵巧，脑子越动越机敏，笔下的文字用得越多，会变得越听自己的话，越能表达自己的感情。写作文没有想象的那么难，每个学生都能写出几十篇像样的作文，每个人都可以写出一本书！

人人会写作：
作文小论

写作有没有技巧

　　写作有没有技巧？这是很多喜欢写作的人思考过的，也急于得到答案的问题。做什么事情，都需要有方法和技巧，因此，这个问题也是我们每个人经常要思考和回答的问题。

　　当然，写作可以说有技巧，也可以说没有技巧。有人可能会说："你别跟我绕圈子啦,还是说说写作的技巧吧！"我个人写作的经验是，开始时写作是没有技巧的，读了很多书和文章，很羡慕别人能够发表作品和出版著作，于是，模仿着写一些小诗和短文。但写着，写着，就总想写得更好，于是，自然就思考和琢磨写作的技巧了。因此，写作可以说没有技巧，这是很自然的。

　　对小学生作文来说，一、二年级时，老师开始布置写话，有的是看图写话。这时候，老师会告诉学生怎么去写话。对一个特定的图案来说，哪些话应该写，哪些话不应该写，这是一些简单的写话注意事项，还谈不上写作技巧。我认识一位很会指导学生的语文老师，她给学生进行习作训练时，不会给学生讲什么技巧，而是鼓励学生写日记，把自己看到的有趣的，或者讨厌的、令人生气的事记录下来。也就是说，把自己想写的写下来，并且养成一个写的习惯。她还对学生说，如果除了语文课本，课外没有读过别的书，没有读过别的作家的优秀作品，把所有的零花钱都去买了好吃的，都去打了电子游戏，家长也从来舍不得订一份儿童刊物或报纸，从来舍不得买一本中外名著，家里的人连起码的阅读量都没有，那肯定不行。这位老师说得对，做得也对。如果一个家庭，给孩子准备了各种玩具和零食，就是没有几本像样的书，怎么可能让孩子爱上读书和写作呢？如果一个孩子压根儿就没有阅读的习惯和爱好，只是好玩、好动、好吃、好乐，就是不好读书，怎么能写好老师布置的作文呢？所以对没有读写习惯的学生来说，作文就是一个大难题。

  说了以上这些，似乎有些啰唆。习作是最开始的写作训练，和最开始的阅读有直接关系。写作水平某种意义上是靠阅读提高的，好文章其实是读出来的。读多了，就能

人人会写作：
作文小论

品味出别人文章的优美之处；读多了，就会面对别人的好文章而心有所动；读多了，就会渐渐感觉自己能动笔，会写作了；写多了，就会经常有用写作来表达自己内心的想法。小时候读完冰心的《寄小读者》，我就想，如果像冰心这样爱学习，爱观察，爱动脑筋，爱和弟弟交流，写作就没有什么难的。记得小时候读了《小溪流》杂志上的文章，总是觉得自己也想写，就模仿着写了一些小诗，还尝试着投了稿。可以说，写作的内在动力很大程度上是来自阅读的，来自阅读过后对文字世界的敏感。一个对文字世界一点都不敏感，甚至很麻木的人，是不可能获得运用语言文字的快乐的。语文课程标准规定学生应该有相当大的阅读量，小学、初中下来要积累不少于405万字的课外阅读量，可是有些家长还觉得读课外书是"不务正业"，有些学生也觉得平时的阅读对考试没有直接的作用和好处，因此他们不愿意把课余的时间花在阅读上，这显然是不对的。

　　写到这里，可以说写作的技巧差不多就明白了。当我们能够灵活运用语言文字之后，当我们喜爱写作且养成了写作的习惯后，自然会懂得什么是技巧，也开始去提炼写作技巧，总结写作的规律，并尝试一些适合自己的写法。

特别是当有了观察体验，有了感想，并很想用文字表达出来的时候，我们就能够想办法把自己的所见所闻所想准确而巧妙地表达出来——这个时候我们就会运用修辞，运用叙述手法，运用结构方式，引用一些华丽的辞藻和名人的话语……我们掌握了各种叙事、写人、状物、抒情和说理的奥妙，就渐渐成了一个作文高手，甚至变成了作家。

当我们变成了作文高手，变成了爱写作的学生，还会对大作家怀着一种神秘感吗？肯定不会的。我们敬重那些大作家，学习那些大作家，但也知道，大作家无非比我们多读了些书，多了一些写作的经验，多了一些观察生活的角度和表达情感的途径罢了——而这些，我们通过努力，通过训练，拥有它们也指日可待。

写作操练是非常必要的

三年前，我请耶鲁大学的苏炜教授来上海大学开国际课程，记得苏炜教授有一次以《写作，写作，写作》为题专门介绍了耶鲁大学的语文操练，以及耶鲁大学是如何对学生进行"语文操练"的，有哪些具体的方法和套路，给我和我的研究生很大的启示。

苏炜教授首先通过具体的课程实例，强调了三个基本观点："写作是可教的"，"好的写作教学是可以通过操练来帮助学生提高写作能力的"，"好的作家，也是可以在大学语文教育中培养出来的"。这三个观点，也是很多国家大学文学教育包括创意写作教育教学均认可的观点，也成为从事创意写作教育教学者的常识。在美国，无论是小学、中学，还是大学，都采用了三种常见而有效的教学方式：做项目（project）、口头报告（presentation）和工作坊（workshop）。所谓"做项目"，就是把语文学习、写作和社会调查、田野调查相结合，把学习与研究结合，和我国语文教育界近几年所提倡的"项目化学习"是不一样的。无论语文教育界的"项目化学习"，还是所谓的"任务群学习"或知识整合式学习，名字看起来很时髦，但实质还是传统的知识学习模式。"口头报告"不是练习"口语"，不是简单的语言表达，而是见解和发现的分享，是建立在探究性学习和独立思考与判断之上的。而"工作坊"模式，则是教师与学生合作探究，合作交流，合作创造，本质是创造力的生成，尤其是"写作工坊"，其实质是体现创造性和想象力的作品的生成。

苏炜教授在讲座中，还介绍了耶鲁大学五门很受学生欢迎的公共写作课。它们是：

一、写作讨论课（Writing Seminars）。这门课程中，教师让学生自由选读一些作品，提出一些操练的要求，每周一课，每课围绕一个写作主题进行。

二、现代散文的阅读与写作（Reading and Writing of the Modern Essay）。这门课，教师也让学生自由选读。但操练要求就比较具体，比如：每周布置不同命题的非虚构写作作业，每周进行范例修正；也要求学生进行传记式写作(Autobiography)，还会进行不同类型的正式公文的写作。而写作的主题，涉及大自然主题、社会文化主题等。

三、每日主题写作（Daily Themes Writing）。也是非虚构写作，这门课需要申请才能报读。具体的操练要求包括：每天写 300 字，不是日记，可写任何主题内容，每天都要交作业。每周一场由教授主持的讲评评优讲座（Lecture）。每周一次一对一的辅导（Tutorial）。

四、写写你自己（Writing about Oneself）。这门课由耶鲁非常有名的教授 Anne Fadiman 讲授。操练要求：每周的作文，描述不同的自己。到第六周开始写他人，查电话本随意挑选采访人，选一个有意思的采访题目，连续采访六周，记录采访人每周的生活。比如，苏炜教授的一名学生采访一位修大提琴的师傅每周的故事，得到导师的讲评。这门课名额很有限，需要申请才可进课堂。

五、关于小说技巧的阅读（Reading Fiction for Craft）。这门课的操练方法是这样的：每周选择不同题材、不同类型的最新小说作为阅读材料。课程朗读与讨论相结合，工作坊与口头报告相结合。

以上这五门课程，不但可以拿到我国的大学里来，作为通识教育课程，或者使其融入大学语文课程体系，还可以应用于我国的中学写作教学。初中、高中的写作教学如果能把这五门课程的内容和模式融进来，就可以实现写作课程的创新，同时也能激发学生的创意思维，全面培养学生的读写能力。耶鲁大学还有其他不同类型和内容的写作课，如诗歌写作、文学翻译、自然科学话题的写作等。这样形式和内容比较丰富的写作课程，不但可以满足学生的需要，还可以照顾到那些有特殊偏好的学生，以及在写作方面有特别爱好的学生的需要。无疑，我们也可以借鉴自然科学话题的写作课的模式，来开设科学文艺写作、自然笔记写作或者科普童话写作等课程，也可以在我国的初中、高中里开设文学翻译课，让中学生尝试翻译一些英语诗歌、散文、童话、短小说和一些报刊短文（包括新闻），以提高学生的翻译能力和写作能力。

值得肯定的是，耶鲁大学的写作课程一般都设计了奖励，尤其是重要的写作课都设有写作奖，一年一评，优秀作品推荐给报刊发表；还设立了最佳毕业论文奖，一个专业评出本专业最佳毕业论文。以激励促教学，以激励促写作，是非常有效果的，能激发学生的写作热情和兴趣。

严歌苓在美国芝加哥哥伦比亚大学艺术学院获得创意写作专业学位，她谈到她在美国大学所受到的创意写作训练，就说过:"为什么我现在写小说的画面感很强，我觉得这跟我们学校的训练是很有关系的。写一个东西要有质感。这段文字你写出的一个场景，要有质感，最好还有触感，就是说六种感觉都有，六种感官都有。这种职业训练对我后来的写作帮助很大，因为它还有第一人称写作、第二人称写作、书信式写作、各种各样的小说写作的训练。"严歌苓的话给予我们很多启示。创意写作教学不是一下子就教学生写长篇，而是把写作目标进行分解，让学生有针对性地进行训练，不断积累各种小目标训练的经验，从而把控好写作每个环节的技巧和规律，并形成总体的认识。

  从苏炜教授的授课和其他欧美创意写作教学的理论和实践来看，基于创意能力培养的语文教育和写作操练，不但培养了学生的写作能力，证明了写作是可教的，而且也是帮助学生确立人文理想的一个重要举措。

学会用笔倾诉

写作有三种：一是记录，二是表达和倾诉，三是创造。记录就是把经验讲述出来，把自己看到的人、景物和场景描绘出来。表达和倾诉，主要是表达观点，表达情绪和思想，倾诉自己的情感。而创造，就是要建构一个新的语言文字世界，要有新的语言形式和内容。创造包括创意和创新。

要学好写作，一定要学会用笔倾诉。有人觉得应设定一个模式来写，比如作文教学就是让学生按照记叙文、议论文、说明文等三种类型来写，且每一种文体类型都要求按照一些规矩和要素来写。这对于初学写作的同学来说，似乎有一些好处，就像刚学做木工的人，他要打一件家具，就得按照一个已有的模式和规格来做，这样才可能在一开始动手就做成成品。而一旦他掌握了木工的基本要领，学会了基本的结构方式，成了一个比较熟练的木匠，那么他就可以根据自己的想象和设计去做各种新的家具了，而不必再拘泥于原来的老套路和模式了。

一般喜爱写作的同学，最初是不太懂得一些基本的作文要领的，不过，如果他的语言表述非常流畅了，也有了自己的想法，就可以突破"记叙文、议论文、说明文"这三种做文章的框架，去尽可能地发挥。那么，如何去发挥呢？如何使作文成为一种很愉快的事情呢？在给初中生讲写作时，我就告诉他们，一个最好的办法就是写自己所想写，写自己心灵深处的感触，写自己人生中最有意义的事件，写自己青春生命最动人心弦的瞬间，写自己最愿意用深情的目光去注视的身影。一句话，最初训练写作时，不妨把写作当作一种倾诉。

这里，我也可以分享一点经验。我喜爱写作，且喜欢把写作当作一种倾诉。每当写作的时候，铺开稿纸，就是在用笔来倾诉自己的心灵，倾诉自己的人生感悟，倾诉自己的爱、恨、情、仇，甚至泄露自己内心世界最深处的秘密。我常常喜欢在静谧的夜晚，一个人伏在橘色的台灯下，摊开洁白的稿纸，用密密的文字写下我童年的经历、最喜爱的老师、最喜爱的一幅画、最喜爱吃的一道菜、最难忘的一次郊游、最伤心的一次挫折……和其他学生一样，我也是小学三年级的时候开始写作文的。记得老师给我们的总是"命题作文"，要我们写好人好事，可我们这些学生大部分是普通的农村孩子，好像没有做过什么了不起的事情，也没有做过什么好人好事，怎么办？于是，大家就编造故事，结果我们一个班有好几个同学都在写自己如何帮助村里的"五保户"老奶奶砍柴、喂猪，还有好几个同学都在作文中说自己放学以后抢救了一个落水儿童，这显然是好笑的，相信语文老师心里也觉得可笑。因为，当时我们村里只有一个"五保户"老奶奶，我们根本没有帮助过她，更谈不上去帮她砍柴了，而且这位老奶奶也用不着我们去帮助她，村里有一户人家专门在照顾她。至于抢救落水儿童，更是瞎胡诌！每次上学路上，我们都是一起玩耍的，谁做了什么事，大家都知道的。上了中学，语文老师还按照"三大作文体"来布置作文，我觉得作文课一点乐趣也没有。好在阅读了不少儿童文学刊物，再加上家里有不少优秀的文学名著供我课外阅读，所以学会了想象。我初中的第一篇作文，就是一篇散文，是我读了《儿童文学》上的一篇散文后，自己很有感触，于是就像写日记似的写了下来，然后定了个题目，交给了语文老师，语文老师很意外，以为我是抄袭别人的。虽然，我有被冤枉的无奈，但毕竟这是另一种形式的肯定，我心里还是非常高兴。于是，打那以后，每当我有什么感想，有什么心事，有什么看法，就在自己的日记本上写下来，有的当然可以归入"记叙文"里去，因为写的是一件让我感动的事，或者是一个让我难过的人。有的当然也可以归到"议论文"里去，因为整篇文章，都是围绕一个问题，或者是一个观点来阐述我的见解、我的思考、我的计划的。有的当然可以归到"说明文"里去，因为描述的是一个物件，或者介绍一个我喜欢的玩具、机器等。有时候，我笔下的文字，没有中心事件，没有中心主题，没有中心人物，因为我写的就是自己的感想、感情、意念、想象，我就是在孤独地倾诉，像是活在一个空想的世界里，像是走进了一个世外桃源，像是一个人在对自己说话，不在乎别人是否听见，也不需要别人听见。这种倾诉式的写作，让我保持了对写作的兴趣，也培养了我的表达能力。

  中学时，我开始练习写诗，也是因为喜爱用笔倾诉。我觉得许多时候，不需要用什么样的文体来写作，也不需要先定一个题目来写作，而是需要用文字来倾诉自己的心灵，并且让这些文字来安慰我孤独、无助的少年之心，来提升我曾经低落甚至差点沉沦的思想。到现在，我还是非常喜欢写诗，喜欢用简短的、精练的文字，来表达我个人的思维空间——我的美好的愿望，我的空灵的梦，我对朋友的真诚祝福，我对家人无私的爱护，我对前辈的敬仰，我对事业的执着。写作，对我来说，就是一种愉悦的体验，没有精神的羁绊，没有条条框框的枷锁，只有心灵的流淌。我曾读过四川成都师大附中的张路同学写的作文《爸爸，下辈子我们还做父子》，非常感动。张路同学的这篇文章没有固定的格式，不像一般的记叙文，而是一种心灵的倾诉，他用自己的笔记下了内心世界最深处的情感。写作，如果是这样的倾诉，那么就可以赢得读者的喜爱，因为当我们用笔倾诉自己的心灵的时候，已经在实现和他人对话，在用心呼唤另一颗心，另外几十颗心、几百颗心、几千颗心……这样，我们会发现个人的倾诉原来并非是完全的喃喃自语，并非是完全的私密的独白，而是一种沟通，一种呼唤，一种启发，一种宣言！

所以，如果觉得有什么东西想写，有什么话想说，有什么情感想流露，就多多写一些吧。把写作当作自己的一种倾诉，是一件多么有意义的事情。用我们笨拙的笔倾诉吧，可以写诗，也可以写散文，也可以写故事，还可以写成什么都不像的杂体文字，相信每次写作，不但可以安慰自己，感动自己，也一定可以赢得读者的肯定，读者的善意和信任。

文学是什么

大学中文系都要学一门课程,叫《文学概论》,这门课讲的就是文学是什么。但其实很多人学了这门课,还是说不出什么是文学。

也常有人问我什么是文学,读文学作品有什么用。这样的问题问得似乎很功利,但又不可回避。谁让我既是作家,又是评论家和中文系教授呢?人家不问我,问谁呢?再说作家要写作,出版社要出文学书,书店还希望读者都来买文学书呢,难道这个问题不该问吗?

的确,虽然从事写作,也做文学研究,还从事文学教学,自然也学过《文学概论》这门课,并读了好几个版本的文学理论教材,但对文学的定义,一直很难找到很合适的语言来讲透讲清楚。

记得十多年前,从新浪微博上读了一则美国人的故事,它让我真正明白了什么是文学。这里，不妨先复述一遍这个故事。

一天，一个白人妈妈带着女儿打出租车。一上车，白人小女孩看到司机是黑人，很好奇地盯着他，然后问妈妈："妈妈，为什么这位叔叔的皮肤是黑的，我们是白的？"妈妈很平静地回答："孩子，上帝为了让我们这个世界变得丰富多彩，让我们人类有不同的颜色。"白人小女孩不再问了。到了目的地，白人妈妈要下车了，她给黑人司机付费，没想到黑人司机坚决不收。他说："非常感谢您！刚才听了您的话，我很感动！"接着，黑人司机说："小时候，我问我妈妈，为什么我们的皮肤是黑的，别的人是白的。妈妈对我说，我们就是黑人，是下等人，这是我们的命。如果，那时候妈妈像您这样回答我，那我可能就不是出租车司机啦。"

黑人司机和白人妈妈的故事，很简短，但深深打动了我。这个故事，第一让我感到这位白人妈妈有爱心，也有教育孩子的智慧。第二，它让我明白了，美国也有不平等，也有对黑人的歧视。但这个故事除了给我这两点思考外，更让我领悟到了什么是文学。我觉得，黑人妈妈说的话，是现实；白人妈妈说的话，就是文学。文学就是把现实生活，把身边的真实事件，用修辞的方式讲述出来，它没有掩盖真相，但给人美好，引人向善，给人理想和希望。这个故事告诉我们，现实很残酷很丰富，文学很空灵很美好；人虽然活在残酷和丰富的现实里，但心灵深处需要美好的文学的滋养。

作为一位作家，要写好作品，一定要有爱美之心，要有向善之心，要有爱心，要宽容，要怀有理想，抱有希望。作为一位普通写作者，也要理解现实和文学的关系，并懂得真正的文学是什么。

第三辑
CHAPTER 3

作文是一个有奥妙的过程

人人会写作：
作文小论

如何写好作文的开头

"万事开头难。"这句话，恐怕所有人都深有体会，无论是成年人，还是中小学生，在生活、工作和学习中经常会遇到一些问题和困难，尤其是一些事情，一着手，一开头，就会遇到困难和阻力。所以，体会这种"开头难"的感受，可算是人之常情。对很多学生来说，作文开头也很难。可以肯定地说，不少学生一提笔，就不知道该写什么。

为什么会遇到开头很难，甚至下笔都茫然不知所措的情况呢？难道这只是个技术问题吗？显然不是的，作文不知道如何开头，完全是因为缺乏基本训练，读写底子太薄，无法自然顺利地表达。语言表达有两种：一是口头表达，要达到流畅的地步，就要有口头训练；二是文字表达，要达到自然自如的地步，也要有一定的训练。作文就属于文字表达，也是文字组装，是用文字来表达自己的所见所闻所感，而这种语言文字的实践要有效，有两个前提：一是要有足够的用心阅读的过程和体验。用心阅读了课文，还读了一些其他的文章，就有对各种文章和课文的基本认识，因此一旦需要去表达，就会很自然地联系所读过的文章，运用所熟悉的文章基本结构和基本风格去表达。二是要用心地进行习作训练。如果对记叙文、议论文和说明文，甚至是诗歌、童话、寓言和其他文体的写作，都有过主动的、多次的训练，下笔就不会局促和紧张。这一点我有比较深刻的体会。我曾指导过十几位初中生作文，我让他们读写结合，先读一些短小有趣的散文和童话，然后和他们分享、分析，启发他们去借鉴模仿，几次之后，他们就能顺利地完成自己分析过的短文的仿写，甚至创造出更有趣的短文。相比诗和散文，记叙文、议论文和说明文是最简单的文字组装游戏，只要熟悉了，就会自然地运用适合的文字去组装，去表达。因此作为文字表达的作文，并不是单纯掌握了技术就能学会的。技术是在基本的读写功夫下足后，才会起作用的。因此，真正的作文技术，是让习作变得更好的方法或方式，而不是作文的基本功。

那到底有没有好的作文开头呢？当然有。一篇好作文，一般来说要整体感强，即整个结构既自然得体，又严谨中有活泼。同时，一篇好作文一定要有文采和思想。哪怕是讲一个故事，里面的文字也会有作者的智慧，同时还会有趣味和美感。所以好作文的开头和结尾都不会差，都是很自然得体地写出来的。因此，要写出好的开头，自然需要有对一篇好作文的整体把握。不可能存在这样一种"好作文"：开头很好，而其他部分不行。一篇好作文，一定是开头好，结尾好，且整体结构都很好。也就是说，把一篇作文写得完整、有趣、生动并显示出作者的思想和智慧，那这篇作文就不只是有个好开头，而是一篇可以判高分的作文了。

　　说到这里，我想强调的是，作文时要写出好的开头，无疑要注意三点：一是对作文题目有准确的理解，然后就知道一下笔该先写什么，再写什么，最后写什么。不理解题目，肯定不知道开头该说什么。这当然涉及审题，但又不是简单的审题，而是说，理解所写的题目，即理解表达的对象，这是作文常识。二是要知道一篇作文应该怎么写，记叙文要怎么讲故事，议论文要怎么发表观点并说服别人，说明文要怎么去描绘好物件。这些心里明白了，下笔就自然有谱。比如，议论文通常要开门见山，而不是搞弯弯绕。记叙文一般要先交代清楚事件发生的时间、地点，再来叙述事件的前因后果及发生的过程。而说明文就要先告诉读者所描绘的是何物。因此开头该写什么，是与对作文的体裁的认识结合起来的。三是作文和说话是一个道理，开口要说什么，该怎么说，虽然有习惯问题，但也要讲规矩。遇到什么情境能说什么不能说什么，遇到什么人能说什么不能说什么，心里要有数。任何一篇作文，开头都有讲究，都有规矩。哪些文字是适合一开始就写的，哪些要到中间再写，哪些到最后再写出来，心里要非常有数，不然，即便偶尔写出了不错的作文，但到了比较正式的考试，就很难过关了。

　　写到这里，作文如何写好开头，还会是一个问题吗？我觉得，写到这儿，作文如何结尾也应该不是问题了。写好作文，不是只注意开头和结尾就行了，而是要从整体上来理解作文。好的作文一定有整体的表达效果。如果去读优秀的作文的话，一定可以发现这一点。

人人会写作：
作文小论

如何用第一人称作文

多年前，读过一位北京小作家李欣雨的作文。她很了不起，不仅从小爱学习，而且作文也很好。她还很幸运，她爷爷叫金本，是一位著名的儿童文学作家、诗人，曾经担任过《中国少年报》的总编辑，编辑过《儿童文学》的诗歌栏目，也是我钦佩的儿童文学前辈之一。金本爷爷很疼爱她，平常很关心她，照顾她。她很小的时候，爷爷就常常给她讲故事，也给她读很多有趣的书。不过，大家不要以为李欣雨的作文是爷爷帮她改出来的，这些作文都是李欣雨自己写的，她爱观察，爱思考，且善于把自己看到的、想到的记录下来。我曾为一家少儿报刊点评过几篇李欣雨的作文，她的作文都很生活化，记录和讲述的都是自己的生活故事，她的文字都是她从日常生活中得到的灵感。

读了李欣雨小朋友的作文，我发现，她的作文有一个很明显的特点，就是很善于写自己的生活，且很会用"第一人称"。所以，读她的作文，就像是在听她讲自己身边的故事，在听她讲自己的故事。

很多初学写作的小学生，不会选用恰当的人称。什么时候用第一人称，什么时候用第三人称，什么时候用第二人称，这得根据具体情况。一般来说，写景和状物的作文，因为作者描述的重点是景物或物品，所以一般都用第三人称，这时，作文所描绘的景物或物品，在作者的眼里，就是他者，就是另外的一个对象，因此写景和状物时，都要把它当作一个客观的对象，然后从各个侧面来描绘它的特点，它的不同于其他景物或物品的地方，它的令作者觉得难以忘记的优点或可爱之处。

但对于作者身边的人和事，如果要描述得非常好，最好采用第一人称，这样等于让作者自己进入叙述的角色里去，就显得真实、生动而亲切。比如，李欣雨要讲述自己独自照顾妹妹的故事，那她最好是用第一人称，这样她讲起来就很自然。这件事情本来就是她亲身经历过的事情，以第一人称讲出来，别人也觉得可信，另外，她表达起来会很自然流畅。如果这篇作文用第三人称，也就是说，从她所照顾的小妹妹的角度来讲述的话，就增加了难度。因为这样就意味着，李欣雨要在作文里把自己装扮成小妹妹的角色来说话，来做事，来发表自己的看法和观点，很显然会觉得不自然。所以，小学生在写记叙文时，最好是写身边的事情，最好是用第一人称来写，这样就不会觉得很难开头，很难把故事讲清楚了。如果要写爸爸妈妈或者老师，就可以用第一人称，写出"我"眼里的爸爸妈妈和老师，讲出发生在"我"眼前或"我"身边的爸爸妈妈和老师的故事。

我也记得李欣雨写的《张毕东的一句话》，那篇作文按照题目来看，应该采用第三人称，因为她要写的是另外一个小朋友张毕东的故事。但在作文里，她用的是第一人称，即从自己的角度来讲述有"兔唇"缺陷的男孩张毕东的遭遇及"我"对张毕东的看法的改变。这第一人称的叙述角度，既让读者感到很亲切，也让读者能够设身处地理解张毕东的遭遇，从而学会理解别人，尊重别人。如果这篇作文完全以第三人称的角度来写，没有"我"在里面，那么作文里的"反省意识"就很难表达，而且读者也很难会产生对张毕东的理解的情绪，因为那样太客观了，而且"我"的态度和情感也很难自然流畅地表现出来。

从李欣雨同学的作文来看，选择恰当的人称也是写好作文的重要一步。很多学生写作文时,总是觉得很难下笔,很大程度上是因为不知道从什么角度来写。如果选择好自己的写作视角、表达角度,把自己放到作文里,来充当一个"我",充分地调动自己的所见所闻所感,那么,写作文就会顺利自然多了。

希望爱写作,愿意写出好作文的学生,多多写出与"我"有关的好作文来,多多写出"我"眼里的人和事,让自己的生活更加精彩,让自己的作文更进步。

如何调遣好语言

作文成功与否，语言是很关键的，所以调遣好语言，是写好作文的重要环节。调遣好语言，说白了，就是把词语用得准确，句子写得流畅，使每一段话都有一定的美感，同时也能唤起读者的生活情趣，调动读者对语言文字的好奇心和爱意。调遣好语言，我觉得要注意下面三点：

一、写得准确。如果写的是记叙文，讲述的是人的故事，那么，在描绘人物形象时，表现人的性格时，一定要用能准确描绘人物的外貌特征和心理的词语和句子。如果描绘景物时，要寻找简练而准确的词，把景物的独特引人之处描绘出来。我读过一篇中学生的文章，开头就是这么一句：

我穿着厚厚的白色牛仔裤和红色T恤在6月的正午12点钟招摇过市，阳光灿烂得不像样子。

很显然，这个开头给读者一种冗长、啰唆的感觉。说了正午，就没有必要再来一个"12点钟"了。再说，"阳光灿烂得不像样子"，也给人随意粗糙的感觉。"不像样子"是一种偏向贬义的描述，这里用于描述明媚的阳光，就太另类了。为什么不用一个形象的比喻句，把阳光灿烂描绘出来呢？刚学习写作时，还是讲究一些语言基本规则为好，等练笔到一定地步，那时候就可以创造新的语言风格了。

还读过一篇中学生的文章，开头是这样的：

> 我是那种平凡的孩子，只会远远近近地观望不属于我的世界，从不涉足。

这个句子里的"从不涉足"就是多余了，完全可以去掉。我还在同一份刊物里读到一篇中学生作文，开头的断句都错了：

> 我虽然不会像安妮宝贝一样穿着旗袍和棉布鞋。可我却喜欢旧物。

这个开头，第一句话没有说完，怎么能用句号呢？而且旗袍和棉布鞋也不能说是"旧物"呀，如果作者说"可我却喜欢那种怀旧的衣物"，就比较恰当了。当然，这可能是我挑刺，但有一些轻微不足的表达，也可能影响读者的阅读感受。

二、写得有美感。一般来说，无论写人、记事，还是绘景、状物，都要善于用一些比喻、拟人或排比等修辞手法，这样一来，文章就有了华彩，能让读者感觉到写作者是富有表现力的。读过一位小作家一篇写江南景色的作文，她笔下的文字，就很优美：

江南是轻柔的，江南是静谧的，江南是哀怜的，似那位来自水乡而终隐于水的西子……

这样的句子，用了排比和拟人的修辞手法，把江南的女子般的性格给描绘出来了。如我写过一篇描绘春天的散文，就用了拟人的手法，把春天描绘成了一个快乐调皮的孩子：

山冈上，原野里，到处是春天的身影，春天像一个调皮的孩子，谁也管不住她；她到处跑着，跑到了溪水边，跑到了田野里，跑到了滩地上，跑到了树林里……你看，土里冒出了鲜嫩的绿芽，小草尖也变得亮黄亮黄，还有大树上，也爆出翠绿的叶片——那是春天咧开嘴巴，在开心地笑着，她的笑声是那么恣意，那么舒放，让大地的心荡漾着，把喜悦传染给了每一个生命，甚至坚硬的山岩也变得有些温软，寒冷的泉水也变得暖和。

三、写得有情趣。我读过一篇初三学生的作文《生活是杯香茗》，就写得很有生活情趣，也体现了作者的心境：

第三辑
作文是一个有奥妙的过程

低落的时候，我会用卡通陶土杯泡上一杯茶，里面只放几个玫瑰茶，再加上一小块冰糖。如果不放糖，更能闻到玫瑰花原有的香泽。抿一口，玫瑰的香甜柔媚，流遍全身，心情也会随之好很多。

委屈的时候，我会用雕花紫砂杯泡上一杯茶，或是铁观音，或是龙井。光是扑鼻的香，便足以让人悟透一切。品一口，唇齿留香，心中一片澄澈。

初中生的作文一般要从生活里提炼素材，要把生活情趣写出来，因而要求写作者会感受生活中的氛围，表达当时的心境。有情趣，作文就会给读者以亲切感，甚至让读者感同身受。

当然，好作文的语言要求看似很高，要写出来，好像有一定的难度，但仔细想一想，我们的词汇量其实是足够用的，只是好多时候我们有些偷懒，在讲述故事时，在刻画人物时，在描绘景物时，不愿意去寻找更合适的词语，不愿意打磨提炼语言，于是，作文写出来，总是不尽如人意。

相信那有些偷懒的朋友，如果做到了以上这三点，写出来的作文一定是非常美的，而且读起来也很有趣味。别人一读，也会觉得这是一篇好作文。

人人会写作：
作文小论

这样构思写景作文

曾应《语文导报》的李冰老师之约，在该报开过一年的作文指导专栏，每期写一篇两千来字的短文。有一次李老师来信说："对于学生而言，他们在了解了一些实打实的一步一个脚印的写作的基本性原则之后，听一听作家们在自己的创作中如何构思和调遣语言，也是他们感兴趣的。您是否可以考虑从这个角度再给我们的小读者谈一谈写作的问题呢？"

李冰老师这一提醒，也正是我想和学习语文的朋友们要谈的作文问题。

一般来说，写作文都要构思，构思就好比盖房子，先要画一个设计图纸。因此构思很重要，它可以避免盲目地去写作文。记得几年前，在河北廊坊四中给初中生做作文讲座，就有同学问到这个问题。我举了一个例子，说，如

果要写一篇游记,描述我们去游览一座山的所见所闻,通常要按照以下四步来写:

第一步:把是如何去的,为什么要去那里旅游,先交代一下。

第二步:把去目的地沿途的见闻也稍微描绘一下。

第三步:把在目的地(某一个旅游景点)看到的美丽的令人惊奇的景色描绘出来。

第四步:发表一下自己观赏美景的感受,表达不虚此行的心情。

这是一个基本的写法,一般的学生都会这样写,而且按照这四步来写的话,作文不会太差,考试也不会丢很多分。但仔细想想,这样的四步法固然是保险的作文法,但如果不突破一下,改变一下这个结构,就很难得高分,因为这样写固然很保险,但一般的学生都会这么写。

那么,如何实现突破呢?显然第三步是大有文章可做的,而且这是文章的主体部分,自然应该下大力气。因此,在写第三步时,不要单纯描绘景色,尤其不要单纯描绘静态的景物,还要描绘目的地(如山里)活泼的小动物,比如小鸟、小松鼠、野鸭等,描绘它们给我们带来的生命气息,描绘它们给我们带来的那种生机勃勃的感觉。于是,静态的景物就鲜活起来了，原来没有生命的世界，也就有了生命的运动。

另外，在第二步描绘沿途的景物时，还可以描述一下在路上的奇遇或偶遇。也可以在第三步时，插叙在目的地（如山里）看到的某一类人的行为，并发出自己的感慨。这样的话，作文就会显得绘景中有叙事，在平淡中有波澜。于是，整篇作文的内容就丰富了，作文的味道也就令人回想了。

写到这里，大概就不用多说什么是构思了，因为心里已有数了。确切地说，构思，就是在写作之前，根据自己所掌握的材料，对叙述的结构、描绘的对象、情节的推进和文章的结尾等做一个基本的安排，以便下笔时不会乱了章法。构思是一个作文前的酝酿，只有酝酿成熟了，作文才会"文从气顺"。

从上面所讲到的写景游记作文来看，构思最需要注意的是处理好"动"与"静"的辩证关系，即描绘景物，一定要写到动物和人，让生命气息洋溢起来。另外，构思游记作文，还需要处理好"平"与"奇"的关系：一般的景物描绘，是平淡的；如果不把景物中最令人难以忘怀的一点抓住，或者不把风景里最能冲击作者视觉和心灵的一点写透的话，那么，景物游记作文就会枯燥乏味。

　　这使我想起了以前读过的一篇作文，一位东北小作者描绘一片白桦林时，写到了自己看到的小松鼠，并描绘了小松鼠在白桦树上跳跃着逗着游人的情景，这就写出了森林的生命气息，把静静的树林给写得有了动态美和游戏情趣。小时候，我写过一篇关于家乡小河的作文。那篇作文里，我不只是描绘家乡小河的特点，而且还记录了我和小伙伴们在小河里洗澡、嬉戏的情景。语文老师给了我的作文很高的评价。我想，可能就是因为我在写景状物时，没有停留在对景物的描绘上，还写出了景物中的人的生活情趣。

　　说到这里，写景作文到底如何构思，如何去写，就不是个问题了。

人人会写作：
作文小论

怎么把情感写进作文

怎么把作文写得动人？这是不少学生学习作文中遇到的问题。

作文肯定要有情感，哪怕是议论文，也最好有情感，因为再会说理，也需要动情，让文章情理交融不是更好吗？曾读过山东邱皓茹的几篇作文，她爷爷是著名的儿童文学前辈邱勋，是我的忘年交，特别和蔼可亲。邱皓茹笔下的人和事都很动人。有一次，一位学生问我怎么写作文，我就把邱皓茹的作文给他看了，他觉得非常好。

自然，写作文是要有情感投入的，如果没有情感，没有自然的真实的情感的流露，作文就会缺少生气，就会让人读了觉得味同嚼蜡，就会给人一种不真实甚至不真诚的感觉。写景作文，不仅仅是描绘景物的外观特征，不仅仅是描绘景物的色彩、声音和形状，不仅仅是把景物的空间结构呈现出来，还要把景物的迷人之处突显出来，还要把景物的历史内涵或生活气息以及作者对景物的看法表现出来。记事作文，不仅仅是把一件事很客观地记录下来，不仅仅是把事情的经过很准确地记叙下来，不仅仅是把事件发生的先后顺序自然地展开，还要把事情的人为因素，或者事情的真正实施者或推动者——人的情感表达出来。因为物也好，事也好，它们之所以有力量，或它们之所以能够吸引人，还是因为它们本来就是人参与的结果。没有人的情感在，就很难有景物和事情的情感性。邱皓茹在一篇描绘美丽的长岛的作文中，就不仅仅把长岛的景色的迷人处描绘出来，而且还把自己对长岛的爱抒发出来了。这样，因为情感性的因素，她的作文就显得更有魅力。

当然，情感的投入是要很自然的，不能很直接很生硬地抒情。如果要抒发自己对某一个景物的热爱，最好不要直接地对读者说我很热爱它什么什么。会作文的人，一般会生动形象地把这一景物的独特的美描绘出来，既展现它的与众不同之处，也传达对这一景物的特别的情感，这样读者才会接受作者的情感，才会觉得作者对这一景物的热爱是发自内心的，是很自然的。如果要记叙一件事情，也不能像冷眼旁观的人一样很客观地叙述这件事，而最好是以亲历者的身份来讲述事情的发生、发展和结局,这样不仅会让读者觉得真实可信,而且也有利于自然地表达作者的情感或情绪。

不管怎么说,情感是非常重要的因素,无论是一般的作文,还是文学作品,情感都是内核,都是精华。作文虽然和文学创作还有一定的距离,但它是文学创作的起步,尤其在情感的投入上,它和文学创作是没有什么差距的。要写好作文,就要有真实情感的投入,就要用心来描绘笔下的景物,就要用心来讲述自己经历过的人与事,就要用心来表达自己对外部环境的看法和体验。

怎么把人物写得活灵活现

很多小学生、初中生都喜欢读故事,尤其是少年生活故事,其实很大程度上是因为生活故事里有自己喜欢的人和事,或者有的生活故事好像写的就是自己身边的人与事。我觉得一般受到读者喜爱的故事,大多是因为里面有一个有趣的人,或者有性格的人。少年时代读的外国名著里,可能很多人还记得马克·吐温的《汤姆·索亚历险记》。这部作品之所以受到读者的喜爱,就是因为其中有一个很有性格的男孩子汤姆·索亚。

作家笔下的汤姆·索亚是一个天真烂漫、顽皮捣蛋又富有智慧的男孩,他的很多言行在今天我们这些少年身上也时时发生。翻阅一下这部小说,汤姆·索亚为了摆脱枯燥无味的功课、虚伪的教义和呆板的生活环境,做了很多冒险的事情。汤姆·索亚和伙伴们在学校里饱受老师的鞭打,于是他们绞尽脑汁,想出了让猫抓去老师假发套的计谋,令人忍俊不禁的是:他们还在老师头上涂满了金漆,导致老师的头在灯光的照耀下闪闪发光,结果老师在全镇人面前丢尽了面子。汤姆和好朋友哈克无意中发现了一桩杀人案,狡猾狠毒的印江·乔杀害医生后,嫁祸于喝醉了的村民波特。为了洗刷波特的罪名,汤姆鼓足勇气揭发了印江·乔的罪行。在一次野餐会上,汤姆和好朋友贝琪在山洞里迷了路,贝琪屡次失去信心和希望,汤姆凭着勇气和决心,在被困多日后,终于化险为夷,从山洞里找到了出口。在一次寻宝中,汤姆和哈克无意中发现了财宝,可是印江·乔捷足先登,把宝藏带走了。汤姆安排哈克监视印江·乔的行动。哈克发现印江·乔要杀害镇子里的寡妇,他勇敢地寻找别人帮忙,及时地营救了寡妇。汤姆受困在洞中的时候,发现了印江·乔,并猜出印江·乔把财宝藏在洞中。当印江·乔困死在山洞后,汤姆和哈克终于找到了那笔宝藏,引起了全村轰动,连最体面的人们也投入寻宝的热潮中。

　　从以上这些情节和故事中,可以看出马克·吐温对人物的描写简直是出神入化,令人过目难忘。特别是小说里有些细节,更使汤姆的形象富有张力。如在第二章中,汤姆为了偷懒，不仅让别的孩子帮自己刷了墙，而且还巧妙地换来了许多好玩意儿。另外，在姨妈眼里，他是个顽童，调皮捣蛋，可是她却一次又一次地被他的"足智多谋"给软化了。姨妈为了治他的病，乱给他吃很多药。汤姆偷偷地把药喂给猫喝，姨妈得知后怒火中烧。他的一句话就让姨妈明白，就算再想对孩子好，也要考虑适不适合孩子。比起好孩子西德，汤姆虽然经常逃学，偷吃家里的食物，对姨妈说谎，但是他富有爱心和同情心，而不像西德那样爱告密，揭别人的短处。如此等等，作家用对比的手法尽可能地把汤姆淘气、聪明且勇敢倔强的性格展示了出来。

中外文学名著里的主要人物都是很有个性的，都是作家用了很多富有戏剧性的细节塑造出来的。小学生和初中生完成一篇写人的作文，不可能像写《汤姆·索亚历险记》那么复杂，但即使是写几百字，即使是写一个人的一两件事，也要把这个人的性格特点抓准，把人物的独特之处给写活。朱自清的写人散文《背影》，记叙了父亲到火车站来送"我"远行的一件事，很细致地描绘了父亲穿过铁道，肥胖的身子翻过月台给"我"买橘子这一个细节，就把父爱给写活了，给写朴素了，给写深沉了。所以，写人物时，没有必要写很多事情，更没有必要把这个人的方方面面的生活习惯和行为都罗列出来，只要能抓住几个细节，表现出人物的性格和特点就够了。

　　试想想，如果写自己的父亲，写自己的同学，我们会选择哪些细节呢？相信确定了该写哪些细节和事件，我们一定能够写得比较有把握。

第四辑
CHAPTER 4

做作文的有心人

人人会写作:
作文小论

做作文的有心人

对一个初学作文的人来说,作文的秘诀可谓多多。我曾指导过河南一位名叫张央乔的小学生写作文。她的作文写得非常好,且小学毕业时她就创作了一部8万字的小学生活故事书。我推荐过她的作文在《小星星·作文100分》杂志的"小作家"专栏发表,可能有些读者读过她的作文。如果熟悉她,或阅读过其他小学生的优秀作文,会有什么样的感觉呢?也许有人会觉得作文挺容易写的,比如张央乔写的《吃书》和《我家的小猫》里的故事,好像自己也经历过,而且自己动笔的话,也能写出来。不少学生往往是这样的,看见了别人的好作文,总觉得不怎么样,认为自己要写的话,肯定写得更好!我小时候写作文时,就有这么个怪脾气,看到别的同学的作文写得好,很不服气,但总是光想,光说,不实践,所以作文一度是不太好的。

第四辑
做作文的有心人

其实，写作文真的没有什么太多的技巧，但要说没有捷径和秘诀，也是假话。写出优秀作文的捷径其实就是好好观察生活，把生活中的细节，把生活中的小东西、小感想写出来，写得准确，写得传神。有的学生的作文很出彩，往往就是这样的。记得小学五年级时，有一次我跟着妈妈去菜地里除草，很认真细致地观察了菜地里的小生物，后来语文老师正好布置了一个《我的一次野外观察》的作文主题，于是我就写了一篇《菜园观察小记》，把和妈妈一起除草、捉虫子的经历和感受写了出来，把在菜园里观察到的蔬菜、野草和小昆虫等进行了一番描写，还结合自己从课外学来的一些生物知识，加以评说，于是一篇像模像样的作文就写出来了。语文老师大大地夸奖了我一次，让我至今想起，脸上都泛出红光。有些生活在城市里的学生，老是抱怨没有什么写作素材，觉得自己天天生活在高楼里，很少接触大自然，平时的学习生活很单调，但张央乔为什么能写出《我家的小猫》呢？家庭里有些东西也是可以变成很好的作文的，更何况生活在城市里，见到的都市里的现代场景很多呢！尤其是都市里的学生有更多的机会去参观动物园、植物园、风景区、科技馆、博物馆、海洋世界和迪士尼乐园等，这些机会和经历都可以变成作文的好素材。

因此，作文素材不是一个问题，关键是要处处留心观察，细心体验，认真感受。做到了这一点，就会变成一个目光很敏锐、内心很敏感的人，就能从别人看起来很普通、很平凡的生活中，发现好玩的、有趣的甚至令人惊奇的事物来。有些学生之所以写作文很精彩，是因为能从生活的平常之物之景中，找到非同寻常的感受。比如有的人看见了小草上的露珠，就会想象那是小草戴上了珍珠项链；看见了小花蕾，就会觉得那是春天的一只眼睛；看见了天上的星星，就觉得那是天上的人提的灯笼；看见了红叶，就觉得它像一只蝴蝶；听见了雨声，就觉得是小雨点在说话；走进了博物馆，好像自己走进了一个动物或植物的博览会……举了这么多例子，这些都说明，细细留心，敏感地捕捉外部之物，就会有很多独特和美妙的发现。这也告诉我们，如果变成了一个有心人，就会发现生活中的奇趣、美感，就会寻找到令人心动、让人感到兴味盎然的东西，就会发现自己原来有着令自己都难以想象的慧心和机智。

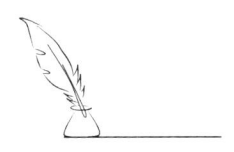

怎么收集作文的素材

作文要有素材。要写好作文,收集素材很重要。那么,什么是素材呢?说白了,就是生活中的点点滴滴,大事小事,大景物小物件,即作文时要写的生活内容和自然景物等。

素材的范围比较广,日常生活是素材,学习生活是素材,生产劳动是素材,社会交往是素材,自然景物是素材,四季更替是素材,等等。因此,素材包含个人的生活(主要包括与个人成长和学习密切相关的家庭生活和校园生活)、社会交往和见闻(社会经历和旅游见闻等)、自然界的景物和四季变化等。对应于这些素材,记叙文很多是记录或讲述个人的生活经历,即讲述的是作者亲眼见到的人和亲身经历过的事,描述的是作者和其他人之间的交往、交流或者矛盾与冲突;议论文很多是针对社会上的见闻而发表的看法和见解，也有对阅读过的作品发表自己的感受和感想；说明文主要描绘的是自然界的景物，还有四季的变化，以及某些生活中的物件，包括在博物馆、动物园见到的文物、动物等。

说到收集素材，可以从两个方面来理解和进行：一是注意观察生活，记录生活中的有趣味有意思的点点滴滴，增加对生活的感受力和感悟力，这样才能把生活转化为作文。不管是学生，还是其他人，接触的生活面一般都是有限的，特别是初中学生，课程多了，学习任务重了，还有中考的压力，往往大部分时间都是从家庭到学校的"两点一线"的生活，相对来说，生活面比较窄。因此，写记叙文时，很容易遇到"找不到故事"的困境。这就需要在这"两点一线"中观察生活，把一些有趣的细节和经历记录下来。比如，在家里发生的趣事，在社区里见到的有趣的人和事，或在家里和社区里听到的人和事，以及在学校、班级里见到的人和事，都是要注意观察和记录的对象，这些都可以进入作文里，成为精彩的内容。我收藏过一部德国漫画家埃·奥·卜劳恩的《父与子》全集，它描绘的都是父亲和儿子之间发生的点点滴滴的趣事。比如《糟透了的家庭作业》《一本有趣的书》《汽车熄火了》《会走路的

第四辑
做作文的有心人

箱子》和《哄儿子入睡》等，都是画家从他和儿子快乐生活中的一个个小场景、一次次小经历中提炼出来的故事漫画。每一页几幅漫画都围绕一件事，表现一个主题，好像用漫画和文字结合在写一篇小小图像小说。这部漫画集给我的最大启示，就是日常生活中可以提炼出很多创作素材，生活中的小经历、小体验和小趣事，都可以成为故事、艺术、作文的源泉与素材，但这需要我们在体验生活时，用心去感受和感悟。那些作文时缺素材的人，其实缺乏的是对看似平淡的日常生活的感受力和感悟力。

当然，除了要感受生活，还要观察自然现象，了解气候变化，熟悉天文地理。这样有意识地去了解生活和自然，不但可以培养科学精神，还能锻炼一个人的观察能力和理解事物的能力。

二是有意识地去体验生活。为了开阔视野，增加对生活和自然的理解，还要走出家庭，走出学校和社区，走到人群中去，或者去更多的地方，有意识地去了解外面的世界，有目的地去认识、熟悉一些景物，一些博物馆，一些公园，一些古迹、故居和名山、大川，等等。这样有目的地去了解外面的世界，去认识大自然，去探索宇宙星空，就会看见广阔的世界，就会吸纳很多新知，就会理解得更透彻，作文时就有很多可以表达的内容。有些学生能够把社区里的树木和花草都描绘得很有情调，很有美感，是因为他们既善于观察，也用心去发现了这些景物的美，并寻找了这些景物四季变化的趣味。我自己也有体会，春夏和初秋，比较温暖的时节，每次下雨后，社区里的草丛、台阶和苗圃，就会有很多蜗牛。我和孩子一起观察、观赏过多次，不仅发现了多种蜗牛，而且也找到了蜗牛最容易出现的地点，还发现了蜗牛的一些特点。于是，我和孩子一起编蜗牛的故事，描绘自己看见的蜗牛，就有了不同的话题和重点，交流起来就很有意思。作文素材的积累就与这些经验密切相关。一个从没认真凝视过身边的景物的人，心灵是枯燥的，单调的，哪来的作文素材？！

　　不过，作文素材的积累还要靠阅读和思考。不能简单地以为，要描绘花草树木了，就去公园里转转；要记录生活了，就去逛逛街。多读书，不但可以认识更丰富的生活，还会提高认识力和理解力。读一些科普图书，可以增长很多对自然和科技的认识。读一些文学作品集，可以学会抒情，学会描绘，学会叙述，学会把思想隐藏在文字的背后。我觉得一个人的认识力、理解力，是写出好作文的最重要的能力，它们是思想的翅膀。有些学生讲了一个故事，但很平淡，不是因为故事缺情节，恰恰是因为故事里缺认识力和理解力。如果讲故事时，融进一些思考，启发一下读者，那故事就有深度了，就更引人深思了。另外，有些学生写议论文，讲的道理也很有逻辑，但就是很难说服读者，原因是文字里缺情感。这就导致了议论文虽然讲出了道理，却很难打动人心，达到征服读者的效果。会讲道理的人，如果还善于以情动人，那语言的魅力就不一样了。

　　总而言之，作文素材不是一个空洞的概念，它是作者的生活世界，也是作者的思想世界。爱观察，爱体验，爱阅读，会思考的人，是不会缺乏作文素材的。

素材和灵感来自哪里

写作文要利用好素材,这是不可否认的。现在有不少学生反感学校里的作文课,一些家长甚至认为作文课束缚了学生的思想,有的人甚至觉得作文是故意把"模式"加到孩子的自由的思想上,认为作文课只会把孩子的写作能力拉下来。我不完全赞同这种观点,因为给一个"模式",也未尝不是好事,关键是教学时要有足够的灵活性。俗话说:"没有规矩,不成方圆。"我们在一定的限制条件下,在讲究秩序的情况下,才能把事情做得很好,很完美。不然的话,做事情没有章法,就容易乱套。再说,要是语文老师给一个固定的作文模式,学生也能写好,说明学生会以不变应万变,那作文的基础是非常牢固的。

作文是有一定的讲究的,要有章法的,不是信手写来的文字都是作文,不是心里想到什么就写什么。写作文,不要刻意讲究立意，但写的时候要有思想准备，尽量把主题定下，而主题定下就意味着要确定自己写什么，要表达什么思想，要确立一篇文章的主心骨。就像那做泥塑的人，要想塑好一个泥人像，就得先用木棍或铁丝做一个人的架子，然后在这个架子的基础上，再来把泥巴粘上去，最后塑成一个或坐或立，或跳或舞的人像。写作文一定要有这么一个架子，打好了这个架子，就等于确立了作文主题，且基本的结构也成形了。因此作文的立意和构思是联结在一起的。比如，要写一个景物，就要先知道这个景物的最大的特点是什么，它为什么值得描绘，描绘它要从哪几个角度入手。要记叙自己参加的一个活动，得讲述这个活动为什么值得参加，要描绘哪些方面让自己觉得好，还要陈述参加这个活动能有什么收获和感受。我读有些学生的作文，发现他们很善于确立主题和选择角度，且都是在确定了自己要写什么之后，才来运用材料和整合材料的。

所以有一点要强调，确定一个主题，确立好写作的思路和结构，就为选择好素材创造了条件。千万不要以为素材是第一位的。生活里的素材太多了，要是没有一个范围，怎么选材呀，怎么用材呀？所以写作文时一定要动动脑子，把作文"写什么"和"怎么写"这两个问题想好。这样作文时就会胸有成竹，心里也很明白哪些素材该用，该怎么用。素材选择成了一件很容易做的事，作文时就会有灵感，有创造性的表达和叙述。

　　读过一些优秀的作文，一般来说，作者对日常生活经验的利用是非常好的，叙述的都是自己熟悉的事物，表达的是自己真实的感受，读起来非常自然流畅，里面的判断也非常准确。低年级小学生不必过多写"看图说话"和"幻想作文"，刚学写作时，还是写自己身边的生活，写自己很容易讲述的事情，写自己很容易描绘的景物，这样不仅容易进入语言自然表达的境界，而且也为以后写幻想性的故事和观点作文打下了基础。

思考与作文

学生都关注作文的技巧。作文的确要掌握一些技巧，但这里不谈对作文的具体问题的看法，而是想说说思考的问题。教作文时，我们很少考虑"思考"这两个字。写作文是不是应该思考呢？很显然是需要的。不思考问题，是写不出好作文的。文章本来就是有感而发的，有感，就有思考的问题。即使是抒发情感的文章，也有作者的思考在里面。

思考，在我看来，就是一种对生活的理解能力。没有思考，就没有正确的判断，就没有真正的结论，就不会有很好的观点和新的发现。没有思考，作文里缺乏思想和见解，读者也不可能受到什么启迪或教益。

读过一位小学生的读后感作文，发现他有自己的思考。他阅读《红楼梦》后，不但对这部著作的文辞有了理解，更有其阅读后对生活的思考。我还读过他写的每日札记，也可以看出，他是一个爱思考，也善于思考的孩子。习惯于在日常生活中寻找作文的素材，那是没有错的。因为学生的生活面有限，且很容易被"校园—家庭"这种"两点一线"的规律性生活所困扰，在写作文时，总有说不出什么新鲜事情的感觉。但如果对所见所闻有所认识，有一定的思考，就能提炼和抽取值得描绘和书写的内容，就可以找到很多可以表达的生活内涵。在大学里教写作课，我喜欢在第一次布置作业时让学生讲述一下童年的故事，让学生用小时候的记忆来表达自己的成长感悟，这样的作业意在鼓励学生从记忆的仓库里提取信息和事件，同时以很小的细节来引发对往事的思考。结果，每次都能收到学生写出的精彩的关于童年的散文，而且每年我都会把优秀作品推荐给《中国校园文学》《东方少年》《品读》等杂志，有时也会推荐给学校的校报。可见，用小视角来写作文，来讲述成长体验，是值得学习和借鉴的。

有一次，我应邀到浙江苍南县一所小学里做讲座，有同学就问我："老师，写作文是不是只要写好故事就行了？"我说："不是的，会写故事是个基本功。除了写好故事，还要把思想表达出来！"要写出好故事，至少要想清楚如何写故事。如果没有想清楚，脑子里一团糨糊，故事怎么会有清晰的线索呢？而且故事发生也是有原因、过程和结果的，因此写记叙文也是需要思考的。况且，一个故事，如果不能让人受到启发，不能引起人们思考，那也不算是一个好故事。

具体来说，作文的思考有三：一是需要我们打腹稿，即先在脑子里把应该写什么想好，然后再动笔。二是写作时，还要把写的事情和观点有机地融合起来，让文章里既有生动的事例，还有自然的情感和明确的观点。三是对生活进行总结和提炼，从日常生活中抽取一些最有意思、最有价值的层面去表达。

写作文，除了幻想故事（比如童话作文），一般都要反映现实生活，或写自己身边的事情、人物，或描绘自己熟悉的景物。想一想，生活中每一件事情的发生都不是无缘无故的，每一个人的言行都不是凭空而出的，所以无论是记录，还是叙述，一定要把这些人与事的关系理清楚，把事件发生发展的来龙去脉搞清楚，也一定要把这些人与事给人的启发与思考表达出来。

对作文来说，所谓思考，就是要动笔，先动脑！这是作文应该牢记的。

人人会写作：
作文小论

要有一双善于发现的眼睛

有一次，我去重庆参加一个文学活动，被那里的几所大学和小学请去做过几场讲座。记得在一个小学讲文学阅读与写作时，一个小朋友举手问："谭老师，怎样才能写好作文？"这个问题又被提出来了。

"要有一双善于发现的眼睛！"我脱口而出，这也是一个看似含糊的回答，但大家都可以接受。不过，有人会觉得这太奇怪了，写作文干吗只要一双眼睛，明明写作时要用手用笔！美国创意写作教授格雷姆·哈珀认为，写作需要"想象力和智力"。他说的"智力"，其实就包括了认识力、理解力和写作技巧。但写作文的"智力"的形成需要下很多功夫，如多阅读，多练笔，多观察，多体会，要用脑，还要动手，甚至悄悄模仿，等等。要写好作文，需要在多方面下功夫，不可能只做了一点点准备就够了。从

第四辑
做作文的有心人

小要养成仔细观察的习惯。会观察的人，就会发现新鲜的东西，就会寻觅到富有趣味和生机的事物，就会找到平常生活中活灵活现的人物和故事。我经常收到一些赠阅的少儿报刊，有了空闲时间便饶有兴趣地去读读一些小学生作文。我有这样的体会：那些很会写作文的小作者，他们的眼睛是非常善于观察，善于发现的。日常的经历，身边的事物，他们一看，就能找到写作的素材。

  善于发现，不仅仅是用眼睛看，更是用脑子思考，也就是说，在观察事物的同时，还要感受生活，体会生活中的美好与新鲜，找到生活中让人眼睛一亮，让人心灵激动的闪光点。记得小时候，曾经不太会写作文，后来语文老师告诉我，要坚持写日记，当然写日记不是记流水账，而是把每天看见的、发现的有意义的事情记录下来，这样，时间一长，就会练出一双善于发现的眼睛来。因为偷懒，对语文老师的话不是很在意，但后来慢慢体会和理解了老师的意图，就真的开始写日记了。我用日记记录一些班级故事，有的确实非常生动感人，在日记里我几乎把班上每一个同学都做了活灵活现的描述，有的人的性格经过我的描述变得更加可爱，就连被我描述的同学都觉得非常有趣。后来，我的作文越写越好了，高考时我的作文得分据说很高，肯定与用记日记的方式来锻炼自己发现素材有很大关系。我多次听过伍美珍给小学生做的讲座，她的儿童小说创作就有"日记体"，她多次在讲座中或一些谈读写的文章里建议学生写日记，还推荐了很多小学生写的日记，她认为记日记是一个好习惯，很容易亲近文字，而且很锻炼写作能力。记日记是一个好习惯。当然，一个没有发现眼光的人，能记什么日记呢？

有一双善于发现的眼睛，不仅让学生善于作文，还会让学生富有想象力，富有创造的精神。会发现美，会发现新奇事物的人，就会拥有创造的力量，就会创造很多令人难以想象的奇迹。

第五辑
CHAPTER 5

怎么把作文写得有创意

人人会写作：
作文小论

作文也可以有创意

　　作文和文学创作不一样，它主要有三种体式：一是记叙文，二是议论文，三是说明文。这三种体式的作文都是模式写作。所谓的模式作文，就是有固定的结构，固定的逻辑，固定的写法，先立意，后构思，写作时要讲究布局，最后要升华主题，等等，甚至字数都有规定和限制。比如，小学的记叙文、议论文和说明文字数一般在四五百字，而初中的作文字数一般在六七百字，而高中作文就在八百到一千字之间。如果字数写多了，平时作文练习不算问题，到了考试就算是超标、过度了，还要扣分的。

　　虽然模式作文写多了，会有些厌倦，但要应对考试，却是必须要认真完成的学习任务。有不少学生对模式作文有些抵触，不但平时缺乏必要的练习，考试时也进入不了状态，因此作文得不了高分数，语文课程就很难出成绩。

第五辑
怎么把作文写得有创意

我个人觉得,模式作文也是一种作文,也是一种写作训练,也不可怕。只要认识到位,再加上进行合适的训练,就很容易写出符合考试标准的高分作文,同时,也能真正提高作文能力,从而为以后的语文学习和课外阅读打下更坚实的基础。有些从事作文教学研究的专家认为,写出高分作文,一要靠阅读,二要靠练习,三要靠素材收集。这些当然没错,但并未完全切中要害。阅读当然是作文训练的一个基础,但并不是读了很多文章和书籍就会写作,不能简单地以为读了什么就可以写出什么。这好比不能简单认为,吃了什么菜,或看了什么菜,就会烧什么菜一样。阅读的关键是要理解文章深层的意义,领悟文字的奥秘,包括文章美感生成的规律。素材收集也不一定能完全解决作文问题,我在前面的文章里已经说过了。生活处处有素材,关键是如何去感受和理解生活中的事物,从经验里提取信息并转化为作文的素材。美国女诗人艾米莉·狄金森从25岁开始,几乎不出门,杜绝社交,生前只发表了7首诗,但留下了1000多首探讨生命、人生、死亡和永恒等主题的好诗,成为美国文学史上的经典诗人。她的写作告诉我们,对外部事物的敏锐的感悟和感受力,是写作的一个重要素养。很多作家写出大部头的长篇小说,都不是去生活中实地收集素材而写就的，且不全都靠讲述自身的经历，而多是靠整合、归纳和提炼，鲁迅说的"杂取种种人合成一个人"，就是在整合归纳基础上对生活的提炼。再说，练习也有技巧和方法，不是天天练就可以练好。有些人天天在家做饭烧菜，但他却做不出可口好吃的饭菜。为什么？因为他只是简单地重复练习而已。因此，模式作文要写好，不能停留在不断的模仿和重复之中，也需要解决创意的问题，至少要有创意的思维和创意的元素，作文的语言才会鲜活起来，内容才会丰富起来，情感表达才会新颖和动人起来。

那么，作文如何富有创意呢？创意就是要突破常规，尤其要打破已有的套路，不把写作当成一种重复性劳动。以记叙文为例，一般记叙文都要讲述一件事，把一件事从开始讲到结尾，最后交代一下结局和对这件事的感受。如果要升华主题，到了最后就要从这一件事中提炼出一个带着教训和警戒的认识，启示别人，也显示自己有比较高的认识。根据以往记叙文写作的主题选择，一般来说，记叙文所讲的故事，一般都是"好人好事"，不然的话，就会被认为是不值得写的题材或主题。但即便记叙文有这样的写作成规和套路，也依然是可以突破的。

首先，记叙文不一定要讲述好人好事，还可以讲述身边其他的事件，尤其是自己有特别感受的事件。那些给人深刻印象的人和事，还有那些出乎意料的事，都是可以讲述的。作文要忠实于自己的体验和感受，而不是要刻意去遵从主题。尤其是平时的作文训练，更要从熟悉的生活和切身的体验出发，提炼亲身感受，升华自己的认识。

其次，通常记叙文是在最后才把结果和结局告诉读者，但也可以先把结果和结局说出来，然后再来讲述故事发生的过程，以结局来吸引读者进入故事情境，最后，发表自己的感受和感悟，并对事件进行适当的评价。这样写记叙文也是一种创意，即突破一般的故事的顺叙线索的设计，而以倒叙方式来讲述故事。

最后，记叙文的创意还可以从描绘上实现。虽然一般记叙文的语言以叙述为主，但可以增加描绘和描述的语言。比如，多描绘一下动作，多描绘一下环境或情境，多描述一下人的心理活动，这样，记叙文里的叙述语言好似给读者编织了一根线索，使故事很清晰，而描绘性的语言则像编织了一些花朵，使故事变得丰富、多彩和立体。有些学生写的记叙文很干巴，好像只写出了故事的框架，主要原因就是不善于描绘和描述，因此语言显得单薄，故事缺乏想象和情感。要知道，描绘和描述的语言是增加故事的想象力和情感的，也会使故事的语言更有美感。味同嚼蜡的作文，主要是作者不善于描绘和描述，词汇太简单，语言不生动。

值得注意的是，记叙文的创意不但使得记叙文写作不再是简单的模式作文，而且使作文变得更具有挑战性，还增加了写作的主动性和乐趣。

以上三个方面的创意，不仅可以快速提高学生的记叙文水平，激发学生作文的潜能，而且能够调动学生的主动性、积极性，并提振学生作文的信心。写议论文和说明文的创意的道理也大体如此。

如何把作文写得有创意

作文写得好不好，是有很多讲究的。我给湖南少儿出版社和四川少儿出版社主编了几册学生优秀作文选，读者反响很好。尤其是一些语文老师和中学生读者反馈，其中选的一些"创意作文"给读者很多写作的启发。其实，我选的那些所谓"创意作文"，主要是形式上或内容上能给人一种新奇感的作文。这里，就和读者谈谈"创意作文"怎么写的问题。

比如，一位同学写了一篇题为《我和妈妈的战争》的作文，标题就很有意思。"我"和妈妈怎么会有战争呢？亲人之间的战争是怎样的呢？读者一看，就想了解个究竟。另外，这篇作文的内容设计也很有趣，作者用"镜头一""镜头二"和"镜头三"这样的小标题，选取了早晨、下午、晚上和妈妈发生的三次"战争"，来聚焦母女之间的"喜怒哀乐"和"恩怨情仇",不仅语言非常幽默和夸张,而且场景逗趣搞笑。这样的作文,我觉得就是很绝妙的写人记事的作文,且也很容易下笔。因为采用了镜头组合的方式来写,就把写作当成了摄像一样,显得轻松多了,也免了一般记叙文那种很拘谨的整体构思。

还有一个同学写了一篇《小猫三怪》的作文,这篇作文我认为也很有创意。首先,这篇作文的题目就很吸引人,一看就知道是状物作文,但因为有了"三怪"这两个字,就使小猫这个形象有了可爱的人的趣味了。因此,题目就富有吸引力。其次,这篇作文用了三个小标题:"一怪:吃煮食""二怪:看电视""三怪:捡纸团"。这三个标题一目了然,让读者一看,就知道作文要写小猫的怪异行为了,就知道作文里用的可能就是漫画的手法。但大家知道,对描绘动物的状物作文,很多同学可能就会先描绘一下这个动物的外貌,然后把它的一些习惯和特点描绘出来,这样描绘动物的话,可能就给人一种很平淡的感觉。如果把这个动物让人感觉很奇妙的特点,用很有趣味的形式表现出来,就给人一种形象化的感受了。

我还读过一篇很有创意的作文,题目是《图形旅行记》。作者用的是童话的叙述方式,讲述了三角形、正方形、圆形、长方形和多边形外出旅行的故事。这样的作文，其创意主要表现在构思的奇特、想象的丰富，让读者感到很意外，产生惊奇感。这样的作文也对我们这些小学生和初中生很有启发，即从日常的学习生活里就可以找到故事的源头，就可以提炼张扬想象力的素材。

很多同学老觉得作文的素材太难找了，每一天都是这些生活，都是这些事情，日子都是这样过法，课程都是这样学法，哪来什么新鲜事情呀？其实，只要好好想一想，好好琢磨琢磨，就会有一些创意，就会有一些新的表现手法，就会有一些新的内容和别出心裁的文字。也就是说，要善于发现生活中各人物、各事物、各场景之间的差异。如，班上每一位同学是不是各不相同，他们之间是不是有一些有趣的事情或之前从没发生的事情，家里爸爸妈妈和爷爷奶奶之间是不是有一些有趣的事情，他们之间是不是存在明显的差异，还有小猫小狗，甚至是自己居住的社区里，是否都有一些不一样的地方。这些，都可以拿来当作创意的点子，都可以拿来提炼成有创意的内容。

人人会写作：
作文小论

如何把作文提升到创作

经常和初中生读者打交道，发现初中生里有很多文学苗子，他们不但能写出好的作文，而且可以进行真正的文学创作。比如，多年前认识的在中国人民大学附属中学读书的苏苏，她出身于文艺家庭，父亲是北京电影学院的影视文学教授，初二时苏苏就出版了一本科幻小说，高中毕业后因为文学创作成绩突出，被美国一流大学斯坦福大学录取为全额奖学金的学生。

苏苏写了一部科幻小说叫《宇宙之谜》，是她14岁的时候从电脑游戏里得到创作的灵感，然后用英语写下的。海豚出版社的责任编辑拿给我读并请我写个序言，我感到惊讶。故事非常神秘有趣，构思非常新颖。带领苏苏进行宇宙之旅的是一个名叫kaka的计算机病毒。"他长得和人很像，只是他的头发是火红的——火红的头发上

第五辑
怎么把作文写得有创意

冲,像燃烧的蜡烛的火焰,那发型足以让天下的帅哥嫉妒死!"kaka 和苏苏一样,喜欢玩"仙剑奇侠传""星际争霸"等电脑游戏,甚至它还和人类一样,会拍上司马屁。就是这个 kaka,带领苏苏周游了浩瀚宇宙。他们经历了千难万险,最后甚至见到了"上帝"。而且让苏苏做梦也想不到的是:原来人类是生活在一个名叫"宇宙"的游戏中,而玩这个"宇宙"游戏的"上帝",竟然是一个名叫"真美"的小女孩!

2009 年,我参加中国作家协会发展新会员专家咨询会,那一年有 1000 多人申请加入中国作家协会,这些申请者都是各地文学创作成绩突出的作者,有的年龄很大,有的年龄很小。在查看材料时,我发现陕西小作家高璨也在其列,这位小作家当时是西安市第一实验学校中学部初二的学生,已经出版了十来部作品集,包括童话、童诗、散文等,才华出众。尽管她才十四岁,可按照她的文学成绩,她完全符合入会资格了。我想起 20 世纪 90 年代时,北京少年作家肖铁十八岁就入会了;2007 年,广东作家王虹虹也是不到十八岁就入会了。我也是评审专家,那两位作家都因为那么年轻入会而一度成为媒体追踪的对象。我当然投了高璨一票!不过,高璨能否入会，并不是最重要的，我最欣赏的是，一位初中生能表现出如此的语言创造力。有人也许会说，高璨一定是文学天才。我很了解高璨，见证过她的成长。她在读小学时，我就推荐过她的作品在《文艺报》《儿童大世界》《少年月刊》等报刊上发表，且为她的作品写过评论，还有陈忠实、王宜振等大作家、大诗人也为她写过评论。高璨之所以这么小就成了引人注目的少年作家，一个重要的原因是她不仅写作文非常认真，而且有一股倔劲，每一次作文都要写得和别人不一样。她喜爱读一些作文书，尤其是一些少儿报刊上刊登的小学生作文，她总是会对爸爸妈妈说，这篇作文这样写不怎么好，那样写才好，而且她自己也尝试着让爸爸妈妈相信她一定会写出比别的孩子更好的作文。所以，她写爸爸妈妈，就不会简单地说爸爸严厉，妈妈慈爱；她描绘人的相貌，就不会简单地说什么弯弯的眉毛，黑黑的眼睛之类的话；她写风景，也很少写这棵树雄伟，那片草地葱绿之类的话。高璨写作文时，总是尽量少用形容词来修饰景物，而多用文学性的语言，如比喻句、排比句、拟人句和幻想性情节等来描绘自己的所见所闻。2005年的初夏，《儿童文学》杂志和洛阳市文联联合举办了"魅力诗会"，期间我和高璨聊得很开心,她还和我谈起了灵感问题。她特别爱读书,观察事物很仔细,也喜爱从日常生活中发现美好的东西,她说自己经常有灵感。可我们大部分初中生都害怕写作,一上作文课就觉得是一个负担。我记得自己初中时,也有这种感觉,作文时总感到下笔无言,心如枯塘。现在想来,当初之所以很害怕作文,一提笔就找不到词语,主要原因还是没有养成动笔的习惯,且基本上不注意把读书、观察生活与写作联系起来。读书不认真,做什么都很懒,自然就不可能有什么灵感啦!

  这就使我想到了初中生的文学创作问题。初中生是不是可以把作文提升到创作的高度呢?写过《蒲柳人家》和《青枝绿叶》的刘绍棠高中时就加入了中国作家协会,他上高二时,自己学的语文课本里就收入了他的文章。刘绍棠1936年2月出生于河北通州(今北京市通州区),是一个典型的北京郊区农村孩子,今天哪一个城里的孩子的学习、读书、写作的条件都比刘绍棠好,但为什么人家就能成为作家?这就是爱不爱写的问题,勤不勤于练笔的问题,愿不愿意对自己的生活和经验进行提炼的问题。只要愿意去写,就可能会培养起灵感来,且也可能有创作的才能。

因此，从作文到创作的提升，并不是一件很艰难的事情！期待爱作文、爱好文学的学生，从写出合格的作文起步，勤奋学习、练笔，提炼生活，渐渐进入文学创作的境界，找到更多的创作精美文字的乐趣。

作文要有抓人的亮点

我读过一个叫李志静的学生的作文,觉得她的文字里散发出一股朴实劲儿,虽然算不上是最优秀的,却让我一直记得。她的作文态度值得我们提倡,写作文就得从用好一个词,到写好一句话,再到写好一段话,最后才能写好一篇作文。她在自我介绍里告诉我们,她的作文本来不太好,后来经过认真练习,就逐渐变得不错了。可见,再聪明的人,也要经过勤学苦练这一道关,这就是她的朴实劲儿。

李志静的作文还让我有一个深刻的感受,就是她的作文里有一些亮点——它们让她的作文有了生气,有了一些让人觉得不错的感受。比如,《我敬佩的一个人》,按说,她应该把那个她敬佩的语文老师写得很形象很生动,尤其是要把她敬佩的对象的可爱、可敬之处加以精彩描述,但

人人会写作：
作文小论

她没有这么做，相反她的作文里的语言甚至有些平淡，但我觉得这篇作文里的情感挺真诚的，就像一个孩子的诉说，虽然没有华丽的词汇，但它的语气恳切，它的情感自然，所以我读了以后，还是很欣赏。写作文，难免要对人、事、物、景下判断，表达见解和看法，这就要求我们说真话，说心里话。小学生的作文都是以我们自己熟悉的生活为素材的，一定要把真实的观察、真实的理解和真实的情感表达出来，不然的话，作文词汇再华丽，结构再精巧，也会让人觉得仿佛吃到了空壳花生似的空洞。

怎样作文才有抓人的亮点呢？我先分享一下自己写作的经历和感受吧。几年前，我应约给《教师博览》杂志写过一篇写老师的散文，刊于卷首。上大学时，一位叫张秉政的老师经常鼓励我，指导我写作，使我后来走上了文学的道路。这位老师不是我的专业课老师，从来没有给我们上过一次正式的课，他是校报的主编、中文系的教授，我是他业余指导的学生，但我对这位老师一直心怀感激，因为他给予我的鼓励比专业知识还要重要。一次，南方一家报纸约我写一篇关于老师的文章，我首先就想到了要写这位在文学之路上提携鼓励过我的老师。我没有写他是如何夸奖我，是如何耐心地为我修改诗作，是如何推荐我的作品发表，是如何烧好吃的菜给我吃……而这些是很多人看来应该感恩的细节。在我那篇回忆性的散文里，我只写了一个场景，就是有一年冬天，下大雪，老师打电话让我到他办公室去，然后他领着我到雪地里散步，一路上他给我讲述他的苦难童年和青春，讲他是如何从一个矿工变成了一位大学教授的。记得，那一次，雪花飘飘扬扬，但老师在雪中的每一句话，都温暖着我少年的心，让我觉得苦难并不可怕，只要有奋斗的精神和坚持不懈的努力，就能够取得成功。我把那一段故事和体验写出来了，后来，编辑说我的散文非常感人。而我自己也被感动了，因为我在讲述这一段经历的时候，仿佛又体验到了老师内心的热诚，老师生命里照亮我的那燃烧的火焰。如果要联系到作文，我觉得我写我的老师是成功的，因为我把最能够折射老师内心世界的细节写出来了。这就是亮点，就是让写作对象出彩的素材。

当然，作文的亮点并不是每一个人都能完全抓好。不过，有一些基本的技巧，就是写人时，不但要尽力把这个人的精神气质反映出来，还要把对所写的人的特殊情感表达出来；状物的时候，不但要把这一物的特征描绘出来，还要把自己观察时的特殊感受写出来。也就是说，作文的亮点，很大程度上是写作者的主观感受——一定要准确地表达出来。如果这份感受和别人的没有什么两样，那自己笔下的人、物、景都会平淡寡味一些。写到这里，我建议学生去读两篇名家散文，体会一下这些散文里是不是有作者自己特殊的感受，这些感受是不是很细腻，因为这些名家都是用了心去观察，去思考的。

作文要从小处落笔

在《小星星》杂志开了两三年的小作家专栏,翻开每一期的小作家专栏,读读我推荐和点评的作文,都很有感触。相信那些曾经订阅过那份杂志的读者也还记得,那些作文的确值得一读,读了一定会有所感悟。不过,这里我想谈的还是如何写作文的问题,那些读起来很自然、很平常,也很打动人的作文,一般都是从生活的细微之处落笔,把具体的生活体验和感受写了出来的。比较好的生活作文,都是从小处来写的,写的都是小事,讲的都是些日常中的小故事。

文学创作界有些人喜欢写重大题材的作品,喜欢紧跟形势,反映社会问题。受到这种观念的影响,学校里有些老师也喜爱让学生写大题材,表现大主题,总觉得写作文要有深度,就意味着要写一件大事,而且似乎也难以从生活中的小事来找到写作的题材和灵感。实际上，生活处处有文章，只要愿意写，就可以把生活小事写得活灵活现，写得情趣盎然，写得富有感染力。

  这就涉及了一个写作技巧和方法的问题，那就是要从小处着眼。眼睛不要老盯着那些大事，毕竟小学生和中学生的主要生命经验还是来自日常生活，还是来自校园和家庭，不妨仔细观察小事，把身边的小人物、小故事写出来，因为每一个学生都是平凡人，都要过琐碎的日常的学习生活。一个学生最大的体验莫过于校园生活和家庭生活体验了，所以要善于从日常学习生活和家庭交往中发现素材。写作文一定要紧紧抓住这些我们最熟悉、最有感受的东西，才有文章可做。我发现很多学生的笔墨除了校园，就是家庭，他们笔下的人物主角都是爸爸妈妈，都是同学和邻居，但就是这身边熟悉的人和故事，让他们有了感想和体会，我觉得这恰恰说明他们掌握了概括生活、提炼人生和表现成长的窍门。

  事实上，家庭里有很多小故事，学校里也有很多小故事，都有很多小角色，试着从这些小事情里找到生活的哲学，试着从这些小角色的身上发现大道理，这是写作文需要思考的。有些同学老是抱怨作文难写，老是想着按照老师的话去写。有的语文老师经常会说作文一定要有一个什么样的主题或中心思想，老是想着大道理，而没有鼓励学生从小故事讲起，没有从描绘小人物的性格和经历写起，于是，学生的作文就会干巴巴的，没有生气。如果每个学生都能把家人和朋友、老师和同学之间的小故事讲出来，就会发现，作文其实并不是一件难事，而是会给自己枯燥的学习生活增加一份灵气。

我最不欣赏那种一写作文，就拿出一个大架势，就摆出一副哲学家的姿态的做法。刻意去突出一个什么大主题，这不是小学生和中学生有必要做的事。我欣赏那些很随意地而又不乏认真地讲述身边故事的作文，把作者小小的经历和体验都娓娓道来，在真切的叙述中融入自己的情感和见解，让读者读得有滋有味，让读者觉得特有神采。小故事有小故事的情趣，小故事也能让我们感悟生活的道理、做人的哲学和对世界的思考。

写作文开口要小，讲故事要从小故事讲起，用小故事把爱国、亲情、诚信、谦让、悲悯、同情心、环保和节约等大主题表现出来。

人人会写作：
作文小论

讲好故事是关键

写作文有一些基本功夫，把句子写得规范，写得流畅，不要犯语法错误，就是一种对语言文字的敬畏。这也是语言的基本功，没有这点功夫，那说明自己的母语表达能力就太低了，说明自己的语文课程学得也比较糟糕。写作文还要讲好故事，就是要有叙事的基本功夫。下面，想来谈谈讲故事的问题。

我曾读过一个学生的记叙文，不仅每篇都会讲一个有趣的故事，而且让人明白什么是讲故事。的确，她的每一篇作文里其实都在讲故事，如《第一次煎鸡蛋》讲的是自己第一次煎鸡蛋吃，体验到了吃自己煎的鸡蛋的快乐的故事；《美丽的荷花池》虽然不完全是记叙文，但里面也讲了自己去游览荷花池并看到了一些人的不良行为。可以说，讲故事并不只是在记叙文里，也不仅仅是因为要写童话、小说或纪实散文，才要讲故事。很多时候，我们虽然写的是游记散文，写的是描写景物的散文，但也可以讲一点故事——不过，这里的故事通常可能是一些小的行为和经验，不是那么完整，但绝对是必要的叙事。讲故事，是要有一些规矩的，是讲究限制的。当自己要表达什么主题时，故事情节一定要围绕这个主题来展开。如果描绘的是一个人，那么讲述的故事一定是要对这个人的性格塑造或情感流动起作用的，能够反映和强化这个人的形象，并能够让读者对这个人有深刻印象。如果描绘的是一个物品，那么讲述的故事一定是和这个物品的来历与功能有关的。不然，作文里讲的故事就是胡扯，就是胡诌，至少是牵强附会。记得小学时，语文老师给我们布置过一篇题为《最难忘的一天》的作文，很多同学就不知该怎么写。因为他们不知道这篇作文其实就是要讲故事，讲一个非常令人难忘的故事——如果没有一个难忘的故事，这一天怎么会令人难忘呢？同样，如果写一篇题为《最难忘的一个人》的作文，也是要讲故事，这个人为什么令人难忘？不就是因为他有令人难忘的言行或性格吗？而他的令人难忘的言行和性格是要用故事来表现的，没有故事怎么打动人？

有一次，我读了一个一年级的孩子写的一篇获首届冰心作文奖小学组一等奖的作文《妈妈回来了》，全文如下：

> 前段时间，妈妈去杭州学习，去了好长时间，可能有一个月吧。今天，妈妈终于从杭州回来了，我非常高兴！因为妈妈的怀抱很暖和，因为妈妈回来了，爸爸的生日就能过得更好，因为妈妈在家里会给我读书……不在家的时候，我很想她，想妈妈的感觉，是一种想哭的感觉。

这篇作文其实讲的也是故事，不过，讲得有点简单，缺少比较感人的细节，因此仅仅停留在心情感受的表白上。但可贵的是，作者只是一个一年级的学生。如果作者是个二年级或三年级的学生，这篇作文可能只能算是"及格"了。我们来读一读看，这篇作文和很多学生的作文比，好像并不算优秀，但它至少告诉我们要讲故事。如果让我来写《妈妈回来了》，我会怎么写呢？我希望能把妈妈回来了的事情讲得更加生动，更加立体感人一些，不然，读者就会说我不会讲故事了。

会想象，才会写作

许多同学抱怨写作文难，其实只要会思考，会想象，就会写出好作文。

所谓会思考，会想象，就是要愿意动脑筋，愿意去审题，知道如何去写，从哪几个方面去写。有些学生总是责怪自己接触的东西太少，看的东西太少，所以常常说自己写不好作文是因为生活面很窄。其实，对一个不爱动脑筋的人来说，天天带他出门看风景，他也未必就能写出一篇好的游记来。还有的学生老喜欢买写作辞典之类的书，喜欢抄别人的什么"环境描写""心理描写""肖像描写"之类的段落，其实这对自己一点好处也没有，因为这样反而会让自己不去好好思考自己笔下的人、物、景、事该怎么写。日常学习、生活中的素材多的是，如果愿意动脑筋，多思考，就会发现周围的人、事、物、景都有特别之处，而且即便是相同的事物,每天也会产生不同的感受。注意到了这一点,作文时就觉得有话要说了,有文章可做了。有一次,我发现一位学生从数学课本里的数字上找到了素材,从而写出了一篇很有趣味也很幽默的童话,这就是善于动脑筋的结果。还有一次,我发现有一位学生从标点符号上获得了灵感,写出了标点符号童话,读来让人忍俊不禁。

  小学生初学作文,可以按照记叙文、议论文和说明文的规则去写。但写作到了比较高的阶段,就不要过分讲究文体规范。如果到了高中还一定要按照记叙文、说明文和议论文的框架来循规蹈矩地写,这样反而容易束缚学生的想象力。作文的文体应该更多样一些,让学生能够体会语言的多样化和生动性。对于初学写作的人来说,第一步就是要敢于想象,尽可能地把自己的想象空间扩大,用自由的文字表达出来,然后再按照一定的语言规则和故事逻辑来修改和整理自己的作文,这样就容易出好作品。也就是说,写作有时要敢于散开来,敢于把思路打开,把想象的东西尽情地罗列出来,然后再按照自己最终想确定的中心主题去收拾它们,整合它们。敢于想象,敢于散开来写,就如同建筑一栋房子,先准备了很多的材料,这些材料即使多得有点乱,但毕竟有足够的建筑材料。如果不敢于想象，不敢于散开来写，就好像建筑材料放得很好，可准备得不多，也是建不好房子的。

当然，会思考，会想象，说得简练一点，就是一个"悟"字。写好作文，如同做好人，要有一些悟性；没有悟性，就不会从平凡的、普通的生活中，发现新的、有意思的、有意义的东西，就不会对周围的事物敏感，就不会对点点滴滴的东西产生思考，产生想法，产生想象！没有悟性的人，就是一个干巴巴的人，谈不上灵气，谈不上思想，更谈不上审美体验了！为什么月亮只有一个，但写月亮的唐朝诗人大都写出了新意？就是诗人有悟性！谁都看过月亮，谁都在月光中散过步，可是不是谁都写出了月亮的灵性，是不是谁都写出了月光的情感呢？克隆技术可能很多同学都听说过，都在报纸上看过有关报道，但是不是都引发了奇思妙想呢？而有人写出了一首立意很高的关于克隆技术的诗！我们要学会"悟"，在"悟"中学习，在"悟"中生活，在"悟"中作文，在"悟"中提高与进步！

这里，我出两个作文题目，能试试吗？题一：以"假如……"为题，写一首诗。题二：以一个文具为拟人形象，写一篇与自己的学习有关的童话。

人人会写作：
作文小论

创意作文绝不可造假

作文造假好不好？依我说，不好。下面我来详细说说自己的看法。

如果老师布置的作文是要求写人记事的，我觉得就要写真人真事。不是真人真事的写人记事作文是很难写好的，因为没有亲身经历，也就不是真情实感，因此读起来就感觉味道不对。

再说，爸爸妈妈，爷爷奶奶，老师和同学，难道没有一点让我们感觉到新鲜或者难忘的地方吗？再说，我们生活的村庄或社区，难道没有一处能让我们有所感觉吗？再说，我们看见的山川，走过的街道或景点，逛过的夜市，难道没有一处能让我们觉得惊讶或兴奋吗？

小学生作文的主要目的，不是得高分，也不是考试。虽然在现实生活中，小学生必须面临语文考试，而且作文也是重要的考试内容，大家也希望作文能得高分，甚至能够发表出来，但作文教学的最终目标，还是培养学生对生活的观察、体验和感悟能力，培养学生的语言素养，尤其是学生的语言表现能力。如果学生平常注意细致地观察生活，学会感受生活中的人、事、物、景，那么只要有一定的识字量，且有一定的文字理解力，就能够比较准确地叙述事件，记录经历，描绘景物，表达自己的看法。此外，从切实的生活经验中得到的素材，是很朴素且让人感觉自然、亲切的。因此写作文不必造假。记得报纸上就批评过，有一个小学生在考试中写记叙文时，编造谎言，说自己的爸爸妈妈都死了，结果让语文老师大吃一惊。因为在语文考试前一天，老师还和这位小学生的爸爸妈妈见过面，而且聊过天。二十年前，我参加《儿童文学》杂志在唐山月坨岛举办的一个儿童小说评选活动，发现有一半作者写的儿童小说都写到了死亡，好像不写死亡，就不能感动读者似的。其实，这是初学写作时，不善于提炼素材而慌乱应付造成的，也说明这些作者还不知道如何去感动读者，因此简单地认为让主人公面对死亡，就能感动读者了。

　　前面我也讲到了，无论是生活在农村，还是生活在城市，生活的丰富性都足以让我们有写不完的素材，都足以让我们有记录不完的趣事，描绘不完的美景，表达不完的情感。只要我们愿意去观察生活，体验日常生活中的一些细节，那么我们创造的文字世界一定会让读者惊讶的。

那些觉得生活干巴，写不出什么好作文的人，往往是偷懒的人，或者压根儿就没有对周围的人与事产生过兴趣，或者压根儿就不愿意好好地构思一番。如果怀着兴趣和热情去体验生活，去感受外部环境，那一定会有写不完的事情，有描绘不完的景物，有说不完的感想的；如果认真地去审题，认真地去构思，认真地选择素材和词汇，就能感到作文是一件不太轻松但也不会太难的事情。

要记住，造假与想象力不是一回事，不要以为想象世界是虚假的。想象力必须要找到一个触发点，才会张扬起来，才会给人一种合理的想象空间。想象，不是瞎编乱想；想象，是联想，是比喻，是拟人，是拟物，是通感，是艺术的夸张；想象，是把现实生活中的人和事转变为幻想意象，因此有人认为"童话世界是现实世界的隐喻"。想象，不是编假故事，说假话，抒假情，想象是把读者带入一个充满美感的世界，一个隐喻的世界，而不是一个虚伪的世界。

相信每位学生都能够用丰富多彩的文字,来记录生活，来描绘大自然，来展现世界，来表达愿望和理想。

作文如何培养创新思维

对一些学生来说,要写出有创新性的作文是一个难题。为何如此?主要有三个原因:一是按照套路写。比如,无论什么题目,都会按照议论文的套路写,总想讲道理,表决心。二是使用相同的事例。比如,大家都用名人故事来做事例,来做论据,于是写出来容易撞车,尤其是在考场作文中,大家都用相同的名人故事,无疑会让阅卷老师产生审美疲劳。三是动不动就引用唐诗宋词和名人格言,甚至一篇作文中引用的句子和格言就占了少半。

如果按照以上方式去写作文,就很难避免同质化。但真正的作文是要体现学生的文字创造能力的,因此创新才是作文的本质。这里,先和学生谈谈作文如何培养创新思维吧。

说到思维,语文教育界有一个观点,即语文素养的核心能力是思维能力。这是于漪前辈说的，得到了语文教育界的普遍认可。语文课培养思维能力没错，但我们也要承认并不只是语文才培养学生的思维能力。思维能力，是对材料和经验进行分析、整理、辨析、鉴别、消化和综合加工的能力，也是透过现象把握本质规律的能力。这种能力，是所有学科都需要的能力，而且是做任何事情、学任何课程，都需要培养也可以培养的认识能力和理解能力。因此，说语文课的教与学可以培养学生的思维能力，肯定是没错的。但如果大家认为于漪前辈说的就是这个意思，肯定狭隘理解了她的本意。她一辈子耕耘于语文教育，自然会着重谈语文核心能力，但如果因此而简单地理解语文思维能力，不但太笼统，而且太简单化了，因为所有的课程学习都需要思维能力，而且都可以培养思维能力。准确地说，思维能力是学习能力最重要的一部分。

那么，创新思维是什么呢？大家都知道创新，指的就是创造新的东西，改变旧的事物，更新旧的观念。而创新思维就是用新颖独特的方式去认识对象，去理解事物，去解决问题。学生的作文创新思维的培养，自然是通过作文，用新的视角、新的观点、新的方式，去认识事物，去分析和解决问题。因此，作文忌讳用陈旧的材料，用过时的方式，用很老套的观念去看待问题，去处理事情，去分析和解决问题。具体来说，写记叙文时，一定要尽量讲述别人不知道的故事，或讲述一个出人意料的故事。即使讲述的故事是大家比较熟悉的，在讲述时也要用新的视角，用新的讲故事的方式把故事讲得生动一些，讲得让人受启发一些，讲得让人感兴趣一些。写议论文时，尤其是写材料作文，通常情况下大家面对的是统一的材料，因为试卷上给定的材料是每个学生都无法回避的，而且从材料里得出的观点也差不多是一致的，但在论证观点时使用的论据可以用新的，论证的方式和方法可以和别人不一样。因此，写作文，即便有基本的规律，但在可以充分发挥自主创新能力的地方，一定要有意识地讲新故事，用新论据，或者在观察和分析事物时用新视角、新方法。

　　实际的作文中，有些学生没有意识到创新思维的培养要落实到具体的作文训练中，他们以为创新是可以照搬的，以为把一篇读起来很幽默、语言很俏皮、情节很有趣、观点很新颖的文章搬过来，就可以出新，就可以得高分，殊不知，这样恰恰违背了创新的规律，也不符合创新思维。还有的学生以为把范文，尤其是高分作文背诵出来，然后考试时搬用到作文上，就可以得到很高的考分。殊不知，这恰恰是反创新的,且涉嫌抄袭。要知道,抄袭别人的作品,不仅侵犯了别人的知识产权,还违背了写作的道德,不符合"我手写我心"的创作宗旨,也不符合创新能力培育的指向。

作文的创新思维,意味着学生要力求语言新,即用自己的话来作文;也意味着观点新,即学生要有自己的判断,有自己的见解,有自己的想法;当然也意味着学生要用比较有新意的讲故事的方式、陈述观点的方式和抒发情感的方式。

因此,作文中创新思维的培养一定要落到实处,尤其是要把作文训练之前的阅读与作文的创新有效衔接起来。读一本好书时,要注意那些精美的语言,要理解那些优美的词语,要对美和令人心动的文字有敏感度,有理解力,并能咀嚼琢磨,变成自己的写作营养。在比较正式的作文考试中,更要认真思考,提炼好材料,总结好生活经验,把零散的记忆转化成写作的素材,养成推陈出新的习惯。也就是说,创新思维的培养与良好的阅读习惯和写作习惯要结合起来。

第六辑 CHAPTER 6

作文的常识与意义

人人会写作：
作文小论

作文的常识与意义

这些年，做了很多次全国性的作文大赛的评委，自己也选编过年度最佳小学生作文，还在一些少儿报刊上开设了作文辅导专栏，读了很多少年的作文，应该说对当前学生的作文状况还是比较了解的。记得2008年，评阅了"绿色奥运心，燕赵环保行"征文稿后，觉得参赛的小学生朋友都有一份热情，都很关心2008北京奥运会，也关注环境保护问题，这是很了不起的。同时，也发现很多小学生朋友从小就注意培养自己的公民意识，培养自己的社会责任感。当然，他们也很喜爱阅读和写作。下面，结合此次作文评审，谈几点对作文的看法。

一、最好不要说太多的大道理。这可能和语文老师的引导有关。作文课堂上，老师特别强调立意，尤其是要升华主题，所以学生写什么，都一定要发表自己的看法。这是没有错的，但作者的看法，完全可以委婉地表达，根本不需要大段大段的很直白的大道理的表述。比如，这次"绿色奥运心，燕赵环保行"有奖征文活动中，就有不少孩子的作文犯了这个毛病，动不动就说大道理，甚至奥运会的历史，奥运会的意义，环境保护的必要性，等等，都像是从报纸上、论文里摘来的一样，让人感觉"官话十足"，具有浓烈的"说教味"。其实，就算是写议论文，也不要太多的议论，而是要拿事例、拿论据来证明，这叫"以事喻理，以人证理"。读一读这次征文的一些获奖作文，就可以发现，有些同学是很会用故事、用生活细节和自身的体验来说出看法的。

  二、最好是以小见大。奥运会和环保，都是大问题、大课题，需要做很多工作。尤其是环保，可以说是一个全球性的热点问题，它涉及人类的现实生存和未来的挑战，是世界各国政府不断努力，也难以解决得很好的课题。对这样的大问题，我们每一个人都应该思考，小学生也应该关注它们，也应该从小培养环保意识、生态意识，也应该关心我们的北京奥运会，增强民族自信心。不过，小学生的生活经验毕竟有限，对外部事物的认识也有限，我们不可能像学者那样高屋建瓴、纵横驰骋地去阐述，去论说，因此不妨从小处着眼，从自身的经验出发，从小问题入手，从小的角度来观察，这样就会写得好一些，写得实在一些，也写得可信一些。这次征文中，有些同学的作文处理得比较好，视角很独特，如以小见大等。比如，《滏阳河的诉说》这篇作文，就没有直接说什么大道理，而是以家乡的那条小河的视角来反映环境污染的问题，运用拟人化的手法以小河的自述语言来叙说。

三、调动自己的生活经验。很多小学生作文时，喜爱引经据典，喜爱把别人说过的话再说一遍，尤其是喜爱按照一些固定的模式来写作。其实，他们最需要做的，就是把自己的生活经验调动起来，从自己的实际出发。比如说，关于北京奥运会，如果要把奥运会的历史和意义写好的话，肯定是写不过记者和专家的，而且如果这样写的话，作文也没有新意，因为报刊上到处都有这类文章。但如果写自己对北京奥运会的体会，写自己身边的人是如何期盼奥运，如何为奥运做实事的话，这样的作文就很鲜活、生动了。对于环境保护问题，如果写自己的感想，写身边的人是如何以实际行动来保护环境、来谴责污染环境的行为的话，这样的作文也会很有意思，也会让读者眼前一亮的。如获得二等奖的《环境保护从我做起》一文，就是从"我"出发的，给人亲切可信之感。

四、要学会用一些技巧。这次征文获奖的作文里，有相当一部分是因为运用了一些作文的技巧。比如，《法桐树在哭泣》《哭诉》《小河需要爱心》《糖果宝贝迎奥运》等，用的是童话体，以幻想故事来表达环保主题；《给刘翔哥哥的一封信》用的是书信体，因此显得别致。一篇再通顺的作文，如果看不出作者写作的巧妙之处，也是很平淡的。好的技巧当然也包括一些语言的修辞，比如，写诗时，就不能没有一些拟人、比喻、排比和通感等修辞手法的运用，不然，就会很直白。恰当的修辞会让作文锦上添花。

当然，作文不是一件易事，也有许多问题值得探讨。最后想说的是，作文不只是为了获奖，不只是为了考试，它教会我们学会观察生活，学会思考人生，也教会我们总结学习、生活经验，培养我们的感性与理性相结合的思维能力。同时，作文也能提升我们的精神，培育我们的语言文字素养。

人人会写作：
作文小论

技巧对谁有意义

写作有没有什么技巧？前面也写到了，写作要有想象力和智力。智力就包括了技巧。做任何事情都有方法和技巧。但技巧只是对喜爱写作的人才有意义，不爱写作的人，给他传授一点技巧，也是没有什么用的。所以我觉得兴趣是第一位的，写作需要有兴趣，需要我们感觉它是一件很快乐的事情，需要我们有用语言文字来表达的愿望或欲望。但兴趣的培养，又需要我们多阅读，从更好的文字里感悟美妙。不爱阅读，很少读书，尤其是很少读文学书的人，是不可能对文字敏感的，也不可能对文学有一种亲近感，因为他感受不到文学作品的魅力。要搞好写作，就要多读书，与经典对话，这是一个前提条件。

想一想，一个爱读书的人，一定是对文字有兴趣甚至迷恋的人。爱读文学经典的人，一定很喜欢文学那个感性世界，一定很喜爱思考，很喜爱探究。而喜爱思考，喜爱探究，就会有表达的需要或欲望，有了想法和冲动，就想写出来。许多著名的作家走上文学之路，都是因为小时候喜爱读书，对文学产生了深厚的感情，所以一旦有了好的老师的指导或者编辑的鼓励，或者有了比较好的写作条件和机会，再加上自己的勤奋，就会把自己的生活和感受表达出来，就会在众多文学爱好者当中脱颖而出，成为一名优秀的作家。莫言就是这样的作家，他小学毕业，到部队参军，刻苦读书，开始尝试写作。很幸运的是，他给《莲池》杂志投稿，竟然被刊用了。编辑的鼓励让他信心十足，他更加努力学习，靠着自学做了部队文化教员，后来又上了解放军艺术学院，还拿到了北师大的硕士文凭。莫言不断钻研，努力学习，写得越来越好，最终成了诺贝尔文学奖得主。莫言的经历也是一个励志的故事。

　　常常听人说谁谁谁是天才的作家，这仅仅是指这位作家可能有很强的文学感受能力，而不是指这名作家无师自通。没读过什么书,或者没怎么练笔,怎么能一鸣惊人呢？一些所谓的"天才作家"和"伟大作家"，都是坚持不懈地进行写作训练，勤于阅读和思考的人，都是在文学世界里徜徉已久的人。

人人会写作：
作文小论

作文，从写童话开始

小学一、二年级时，老师要求写话。不少学生不太知道怎么写，其实他们不是不会写，而是不明白怎么用文字说话。写话，就是把话写下来，写清楚，写出自己想说的话，写下一句或几句有趣的话。然后，注意标点符号，让一句话或几句话通畅明白，初步锻炼自己的文字表达能力。

到了小学三年级，按照语文学习的要求，每位学生都要进行习作训练了。怎么写好作文？如何快速爱上作文，并能写出有趣的作文呢？这些是学生要面对的，也是语文老师和家长急于解决的问题。

最开始学习作文，我觉得不要让学生刻意去思考"主题"和"立意"之类的东西，讲大道理，刻意表达什么思想，而应该先让学生产生写作兴趣，并能快速学会用语言文字表达。所以，一开始就学会讲短故事，能激发学生对作文的兴趣，培养学生的文字组织和叙事能力。

每个人都有很多故事，并不是大人的故事就比孩子多，只不过是大人的年龄大，经历的人和事情多。其实，每个人每天都会发生各种不同的事，都会遇到各种人（包括各种老师和同学）。所以写故事，是容易让学生不畏惧的。

以我指导语文教育的经验，要让学生写出好作文，要让他们善于写故事。从写故事开始，学会叙述，学会表达，学会讲道理，学会写作。对学生来说，生活中有哪些故事呢？家里的事、班级里的事、学校里的事、街上的事，都是生活里的故事，只要留心观察，仔细收集，用心地去回忆，每天晚上坐在书桌边、台灯下，就能写出这一天最有趣的故事，或者最没意思或最让你生气的故事。所以要爱上作文，练习好作文，平时要坚持练笔，记下一天经历的一件或几件事，养成写日记的习惯。

一个人除了每天经历各种或大或小的生活故事外，还会有梦想，有想象，甚至还会做白日梦。这些梦想、想象，甚至白日梦，也可以记录下来，成为笔下的故事作文。所以，那种开口就说"没什么可写"的同学，一定是为自己不想写好作文或者懒惰找借口。

人人会写作：
作文小论

下面，我来告诉大家怎样写童话故事，怎样把日常生活里可以发现或听说过的小事，变成有趣的微童话。先请读一个我写的微童话《爱吃甜果的大白兔》，它只有100多字：

> 大白兔爱吃甜果，兔妈妈说："你就两个大门牙，还不保护牙齿！"大白兔捂嘴笑了，说："妈妈真会开玩笑，吃甜果不会伤门牙的。"兔妈妈觉得大白兔说得有道理，就不吱声了。但大白兔说："妈妈，您的话倒提醒我保护牙齿了。以后吃完甜果，要及时刷牙。"兔妈妈笑了，给了大白兔一个大大的萝卜。

读了这个微童话，可能有学生会说，这不就是把我们身边某一个同学的一个不良生活习惯写成了一个童话故事吗？把"大白兔"换成"张某某"或"李同学"，然后，把"兔妈妈"换成"张某某的妈妈"或"李同学的妈妈"不就是一个真实的故事了吗？是的。我就是特意用童话的方式，把真实的生活小故事写了出来。特别是拟人的手法，会让故事更好玩一些，有趣一些。大家想一想，是否也可以这么练习写故事。当然，这个微童话故事，是不是也可以想想办法，把它扩写到300字，甚至800字？

下面，再来看看我写的另一个微童话《小熊贪吃》，它也只有100来字：

> 小熊贪吃，很快就长胖了。小鹿提醒他说："要节食，还要运动哟。"小熊觉得小鹿说得有道理，开始跑步，也开始节食。坚持了一段时间，小熊看到小鹿，说："我再运动，也没你这样健美的身材。"小鹿笑了，说："你可别这么说，至少你身体更健壮了。这就是运动的好处。"小熊受到鼓励，继续坚持跑步。

读完这个故事，是不是觉得写的就是我们自己，或是身边的同学？"小熊"换成"刘某某"，"小鹿"换成"钱某某"，就是生活中两位同学间发生的一件小事了。生活中这样的小事很多，这就是写故事的素材。不要认为作文没有素材，生活中很多小事、大事都是作文里的故事。只要想写好作文，只要愿意讲故事，故事是很多很多的，有趣的故事也很多很多。

有一次，我去一所小学讲课，主动要求给三年级一个班的同学讲作文。我让他们读了两个这样的微童话，我首先问同学们："读了这两个故事，你们是不是觉得日常生活中这样的故事很多呀？"同学们都说很多。我又问他们："读了这两个故事，你们觉得写故事难吗？"有同学

人人会写作：
作文小论

若有所悟地举起手，说："老师，我突然觉得作文不难了，生活中好多事，都可以写成这样有趣的小故事。"我笑了，对这位同学竖起了大拇指。然后，我对大家说："你们都来试一试，写个有趣的小童话，怎么样？"大家都认真写起来。结果，现场就有一大半同学在十分钟内写出了微童话，且互相传阅，都觉得很快乐。我鼓励那些快速写出了微童话的同学，再把故事写长一点，让他们彼此讨论，怎么去把故事写长。结果，过了一会儿，同学们纷纷举手，表达了自己的看法。有的同学说，可以多描写心理活动，可以描绘大白兔、兔妈妈、小熊、小鹿的外貌，还可以细致地写出它们的动作，把故事的过程写详细一些。一堂作文课下来，大家一下子就迈进了作文的门槛，找到了讲故事的方法。

　　说到这里，相信大家已经明白，小学初写作文，最好从写童话故事开始。把生活的事件和人写进童话里，让作文变成快乐的文字练习。语文老师不要把作文神秘化，家长也不要觉得作文有多难教，学生更不要觉得作文高不可攀。其实，作文就是从生活出发，先实现最快乐的目标，再来逐渐练习自己的文字表达能力。

　　接下来，大家来尝试写一个生活故事吧，要求300

至 400 字。可以写一件有趣的事，也可以写一件没趣的事；可以写一件好人好事，也可以写一件坏人坏事。当然，也可以吐槽一次。不管怎么样，请把这件生活里的事写成一个微童话。当一个微童话写出来，第二个微童话，第三个稍微长一点的童话，第四个更长一点的童话，就写出来了，那时候，对"作文从讲故事开始"就有了更好的理解。

最后，再读一读我写的微童话《不说假话的刺猬》：

刺猬说话很直爽，鼹鼠提醒它，说："你这样容易得罪大家的。"刺猬笑一笑，说："要是大家说话都绕弯，说假话，那田野不就成了假话国吗？"小兔听了刺猬的话，也不以为然，说："多说点好听的话，大家不都快乐嘛！"刺猬想：你们爱说假话，说大话，就说吧。刺猬还是坚持做自己，做一只说真话的刺猬。

也读一读我的另一个微童话《和小兔一起读书》：

吃完晚餐，兔妈妈拿着手机在看微博，小兔入神地读着一本童书。兔爸爸走进房间，看到这个场景，笑着说："看来妈妈还不如孩子呢！"兔妈妈不好意思地收起了手机，小兔朝兔妈妈嘿嘿笑了，说："妈妈也来读书吧。"听了小兔的话，兔妈妈也拿起一本书，和小兔一起读着。兔爸爸呢,关上门,到另一个房间工作去了。

读完以上微童话,请以《假话国》或《和松鼠一起读书》等为题,写一篇 150 至 200 字的童话。

怎么写出真情实感

观察小学生作文，不难发现一个现象：学生比较擅长写想象类作文，而且写出来明显生动、活泼、有趣，但是遇到写人的作文时，却写不出真情实感。这到底是什么原因呢？

据我的了解，小学生之所以喜欢写想象类作文，与想象类作文本身就符合儿童表达的需要有关。小学生正处在想象力丰沛的生命阶段，爱幻想、爱想象，对新鲜事物充满好奇，也很喜欢奇奇怪怪的事物，因此，让他们去写想象类作文，尤其是写幻想故事和童话，他们会非常开心，而且能迅速张扬想象力，写出让老师都感到惊讶的作文。我记得小时候第一次被语文老师表扬的习作，也是一篇想象作文，讲述了课间休息的时候，自己做的纸飞机好像真的飞起来了，创造了一些小奇迹。虽然是一个很简单的故事，但语文老师特别喜欢，认为和别的同学写得不一样，于是，就在作文课上朗读了我的习作，还把我的习作给了其他老师翻阅。当然，小学生一写生活作文，尤其是写生活中的人和事时，却写得比较干巴，甚至都觉得没什么可写的，这一方面是由于他们的生活经验有限，另一方面也和习作教学方法不当有关。我大女儿读小学的时候，她的语文老师在母亲节来临之际布置了一篇题为《妈妈的爱》的作文，结果不少学生都编了假故事，还闹出了一些笑话。

为什么写身边的人，学生反而会没话可说呢？我觉得有两点值得注意：一是小学生刚开始写作时，语文教师教的都是记叙文，而且要求写好人好事。这一下子限制了不少小学生讲故事的范围和兴趣。因为小学生的生活范围很小，身边的人只有家人、同学和老师，身边的事都是日常生活中普普通通的事。二是写人作文本来就应该写普通人，记录日常的学习和生活，这样才能培养起学生对日常生活细节的关注。只有让小学生观察身边的人和事，记录日常的学习和生活，尤其是从身边的人开始写，逐渐地过渡到写其他的人，这样才符合认知的规律，符合写作的规律，才能写出真情实感。

但以上只是针对小学生写人作文很难写出真情实感的

一些看法，并非要怪罪语文教师方法不当。要想从根本上解决作文缺乏真情实感的问题，还是要靠学生自己。从小学三年级开始，小学生就应该有意识地去观察生活，发现周围熟悉的人和事的特点，以及他们给生活带来的变化或影响。同时，注意练习描绘，描绘人，描述事，尤其要注意练习描绘人的外貌、语言和动作。只要描绘这一关过了，写人时，就不会感到没什么可写了。因为描绘的练习很锻炼学生的观察力和感受力，对提高写人作文的趣味性、生动性，会起到不可小视的作用。善于描绘了，能够把身边的人的外貌、语言和行为描绘得准确而生动了，写写人作文时自然就会有真情实感了。

如何避免作文同质化

无论是老师批改作文，还是学生自己作文，都很害怕作文同质化。有一位语文老师曾经在我面前抱怨，现在一些学生的作文写的都是一样的话，讲的都是一样的事，发表的都是一样的观点，没有自己的思想，好像他们都是一个人。和一位家长交流，她也抱怨自己的孩子作文没新意，没想法，她还问我：孩子的作文每次好像写的事件都差不多，是不是因为出门太少，观察生活少，缺乏素材？

老师和家长的这种抱怨，就说明作文同质化是一个比较普遍的现象。不少同学的作文，无论是语言，还是故事，还是发表观点和看法的方式，都缺乏自己的经验、自己的体验、自己的思想，缺乏个性化的提炼。一句话，作文的形式和内容都存在重复的现象。

那么，作文缘何会出现严重的同质化？是学生写作能力不行，还是老师教学有问题？下面不妨来分析分析作文同质化的原因吧。

　　作文同质化的第一个原因，无疑是作文过分模式化。作文，实质就是小学和中学阶段的写作。到了大学，如果还把"写作"叫作文，那老师教起来会觉得别扭，学生选课后也会觉得害羞——想一想，到了大学还要学"作文"，岂不让人觉得有些可笑吗？因此，对作文，我们要有正确的认识，小学、中学的作文没有太高的要求，不像文学创作一样要充分追求个性和审美。因此20世纪以来，都把小学作文称作"习作训练"，到了中学，就不再是习作训练，而是作文训练了。也就是说，小学作文实质上就是写作的初级阶段的训练，中学作文就是提高阶段的训练。它本质上和写作一样，既需要培养最基本的写作能力，还需要不断地培养个性和风格。但由于长期以来老师只把作文当作文，而没认识到它"作为写作"的实质，所以就过分强调作文的模式。殊不知，小学和中学阶段课程和教材设计的作文的模式，只是为了方便学生在习作阶段能更好地训练，而不是为了局限学生文字表达的自由和想象力的发挥。

　　作文同质化的第二个原因，就是语文教学的过分功利化。作文是一种文字训练，是写作的基础训练，目标是培养文字的创造力，而不是为了得高分。但小学和中学作文用单一的分数评价来衡量学生的作文能力，自然就导致作文教学功利性严重。当然，我结识的一线语文教师和很多语文专家也认识到了这一点，以考试为目标导向的作文教学依然存在问题，迫切需要改变。的确，目前关于考场作文评价标准的设计也并不是很科学的，只是便于判卷而已。因此评价标准单一，教学过分功利化，使学生为了分数而刻意去写符合考试评价要求的文字，这就导致了严重的同质化。十年前，"小升初"考试政策还未取消，孩子的"小升初作文"成为很多家长的痛点。近几年，我每次去一些初中或高中做指导，看到语文教师在讲台上传授应试技巧，说实在的，我心里都不是滋味。作文真的不应该这么评判，也不应该这么去教，更不应该这么去引导。

　　作文同质化的第三个原因，是学生不善于提炼生活经验和升华思想情感。其实，大部分学生的日常生活经验都差不多，甚至都很相似。尤其是城市里的学生，差不多都是学校、家庭"两点一线"的生活，吃的喝的穿的都差不多。但作文的时候，这些日常的生活、学习、交流与交友经验之所以不同，是因为每个人的感受力不同，体验的情感色彩和认识的角度不同，且提炼的方式和表现程度不同。同样的经验，用不同的视角和方法去观察和思考，写出来就会不一样。因此，我在很多场合都强调，语文要培养学生的"语言敏感性"，这需要先有感受力的培养，然后再培养用恰当的语言去表达自己的感觉、感受和感悟的能力。如果大家都不调动感觉，都缺乏感受和感悟，就不会主动去提炼，也不会去抽象和概括，那么，写出来的文字就会很相似，也会很干巴。而且，不提炼，不归纳总结，不抽象概括，个人的生活经验也会日日相似、年年如初，那作文的时候，就会觉得没有新鲜的事物和感受可写。

因此，解决作文同质化的问题需要从三个方面入手：一是要理解作文的实质就是写作，只不过，小学的写作要求最低，初中的写作要求高一点，高中的写作要求更高一些，但无论怎样，都是为以后进行更好的写作打基础。打基础，就意味着语言要熟练，遣词造句要规范，篇章结构要完整，情感和思想表达要顺畅。二是要摆脱为考试分数而写作的惯性。小学、中学肯定要考试，但考试作文只是作文训练到一定程度自然可以应对的一个任务，而不是全部任务，更不是唯一的学习目标。作文的真正目标是培养文字表达力和文字创造力，不是单纯提高分数，也不是取悦于阅卷老师。但作文训练多了，写作能力达到了一定程度，这些困惑自然会消除。因此，我也反对那种把作文和考试对立起来的观点，语文学习和语文考试并不矛盾，只是过去我们有一些认识不到位。三是作文要走出日常生活的困扰，要培养个人对外部事物，包括周围的花草树木、鸟兽虫鱼及天气变化等的感受力，要提炼对生活的认识，要把生活中的美表现出来，把生活中最有意义的内涵呈现出来。不然的话，作文不可能会像写作一样有个性，有经验的提炼，有思想的启迪和升华。

总之，作文同质化表面上是客观原因造成的，但归根结底还是主观原因导致的，不能一出现问题，就归因于老师的教学，就说这个教材不好，那个练习和考试不好。学习和生活中很多认识，主要靠个人通过感应、感受去领悟，因此，关键在学生正确认识作文，理解作文，并发现问题，找到方法，多进行认真的训练。

最后，一起来思考三个问题：一、如何理解作文实质上是一种"写作"？二、语言敏感性是什么？三、如何避免作文同质化？请分享你自己的见解，或谈谈你自己的感受。这三个问题想明白了，以后作文就能尽量避免同质化了。

第七辑 CHAPTER 7

如何写出优美的诗文

人人会写作：
作文小论

诗是这样写出来的

给中文系和英语系的学生讲过阅读与写作课，刚开始时，老怕他们写不好，尤其是怕他们不喜欢写诗。所以每次自己讲诗歌写作时，心里也特别没有底气，因为很多人认为诗是不可教的，写诗更是不可教的。但事实上，讲过多次诗歌写作课后，就体会到不但诗是可以教的，而且写诗的确也有一些可以学习的技巧。

不过，要写好诗，首先得培养一种诗心。什么是诗心？可能有人会觉得这是个故弄玄虚的词。我觉得，诗心就是那种能够从普通日常的事物中发现美好的感觉，有诗心则意味着能够用日常所见的事物来寄托自己美好的情感、理想和心趣。比如，当我们在校园里散步时，看到某一棵树，某一株草，某一朵花，或听到某一种小鸟的啼唱，突然会觉得自己很喜爱，并且由这些事物而生发出美的联想与想象,这时,如果我们用笔把自己的这种美好的感觉记录下来,可能就是诗,或诗句。记得自己第一次学写小诗,是初二的时候,读了一份刊物上一篇题为《小溪流》的小诗,其主题是咏赞小溪流从山上跳跃着奔向大海,突出小溪流勇往直前的精神。当时,我学习上正遇到挫折,读了这首诗,联想到家门前流淌的小溪流,觉得小溪流也有像人一样美好的品格,我也应该像小溪流一样勇敢向前。从那以后,自己也开始注意观察生活中的事物,真的找到了很多趣味。那个时候,我突然发现大自然中的一草一木都是有性格、有情感的,那些小动物,那些周围的村舍和楼房,都有值得欣赏的地方。这种心态,就是诗心的开端和萌发。

诗心来自一种美好的情感。有了它,当我们看见小草尖上的露珠时,就会觉得那是小草流下的眼泪;当我们看见欲绽的花蕾时,会觉得那是春天藏着一肚子的笑话;当我们听到小鸟的啼唱时,会觉得那是小鸟为她的妈妈和爸爸唱出的一首早晨的赞歌;当我们听到小雨淅淅沥沥时,会觉得那是云妈妈垂下那么多的线,是想和大地打电话吧;当我们坐在图书馆,面对着一位捧着书在认真阅读的美丽女孩时,会觉得她是一个从书的世界里跑来的小天使;当

人人会写作：
作文小论

我们和朋友们一起逛大街时，会觉得在都市的水泥森林里，也有着很多美丽的童话……有了这些诗意的想法，有了这些看似稀奇古怪的念头，回到宿舍，坐在家里，在安安静静的时候，把它们回忆出来，记录下来，列成分行的文字，它们就差不多是诗了。如果写完后，再读一读那些优秀诗人的诗歌，然后对照一下自己写的这些文字，把它们再修改一下，把那些太直白的话删掉，用清新的语言描绘它们，让一些比喻、拟人、夸张、通感等修辞手法走进来，就会发现自己竟然创作出诗作来了！而我们就是诗人啦！

记得自己是这样写出《花蕾》这首小诗的：春天的一天，我在校园里散步，看到校园里的桃树都结满了花苞，当时想，这些花苞快要爆开了，春天就要满树桃花灿烂了。于是想，这些花苞不就是肚子里藏着笑话的人吗？她们要是一开口说话，那春天就会笑死啦。回到宿舍，我把这种感觉写下来，最后又修改了一下，一首有情趣的诗就形成了：

你藏着一肚子的笑话，

只要你一开口，

整个春天就会发笑。

后来我把这首诗寄给一家刊物，没多久就刊登出来了。

不久，编辑来信说："你这首诗可以说是儿童诗，很适合孩子阅读。"我很受鼓舞，原来我还可以为孩子写作，那以后就多写写吧。我就这样，变成了儿童诗诗人。

人人会写作：
作文小论

都可以写好散文

初中生学习写作，从写小诗和小散文开始，比较容易入门，今天我就来谈一谈如何写好散文。

在大学讲授文学写作课，一般都要按照教材讲的，但我尽量讲得和别的老师不一样。别的学校中文系的老师大多是按照统一的写作课教程来授课的，一般是先讲诸如写作心理、写作素质、写作价值，然后再讲诗歌、散文和小说等文体的写作。我一开始就是给学生讲一些自己写作的体验，另外讲一些名家写作的故事。然后，再讲如何写散文、诗歌和小说之类。当然，一般也是结合具体的实例来讲，而且每讲完一次课，我会和学生一道写一篇作品。如讲如何写散文，我也是先让学生模仿某一名家的小散文，让他们觉得写散文入门很容易，这样一来，就会对写作有些信心。

第七辑
如何写出优美的诗文

第一次讲怎么写散文,我就让大家欣赏了现代文学大家郭沫若的《山茶花》。这是一篇很小的美文,只要几分钟就可以读完,而且谁都可以模仿着写一写类似的散文,该文是这样的:

> 昨晚从山上回来,采了几串茨实、几簇秋楂,几枝蓓蕾着的山茶。
>
> 我把它们投插在一个铁壶里面,挂在壁间。
>
> 鲜红的楂子和嫩黄的茨实衬着浓碧的山茶叶——这是怎么也不能描画出的一种风味。
>
> 今早刚从熟睡里醒来时,小小的一室中漾着一种清香的不知名的花气。
>
> 这是从什么地方吹来的呀?——原来铁壶中投插着的山茶,竟开了四朵白色的鲜花!
>
> 啊,清秋活在我壶里了!

这篇散文,仿佛写得很随意,但实际上很值得品味。班上有同学说它是一首散文诗。的确,它是一篇优美的小散文。仔细读一读它,你一定会发现,里面有很清晰的叙述:作家从秋天的山上采来了几串茨实、几簇秋楂、几枝绽放着蓓蕾的山茶,然后插在家里一个铁壶里。结果,第二天早晨醒来,闻到了房间里弥漫着一股清香。原来,是山茶花开了。再仔细读一读，你会发现，里面也有很素雅的意境，作家就像画了一幅画：鲜红的楂子、嫩黄的茨实和碧绿的山茶叶，再加上白白的山茶花，它们插在黑色的铁壶里。这是一幅色彩丰富的图画，仿佛带着山茶花的清香，使小小的居室有了秋天的斑斓和丰腴。更有意味的是，这篇小散文里有诗人的情致，有微妙的感应，有清雅的生活情趣，有对美的发现和创造。

我觉得郭沫若的《山茶花》是写景状物散文的典范之作。其实写景时，一定要有一根明确的叙述线索，即观景者欣赏景色和体验景色是一个过程，有时间先后，然后还需要对景物有一个具体的描绘。在描绘景物时，还需要把写作者的情感融合进来。这样一来，写景状物的散文，就会有一种立体的结构，给读者的感觉就很丰富。我们很多人学习写景散文时，只会把笔墨用在描绘景物方面，却忘记了写作者的叙述——这是写景状物的一个视角，是不可少的，也决定着写景状物散文的情感流露是否自然。

班上的同学听我讲了这篇散文后，第二节课就有十几位给我提交了自己的小散文。他们写的都是小景物，有的是写家乡的小景物，有的是写学校的小景物，都很生动、具体，更难得的是，把自己的观察和思考也写进去了。

读过很多小学生和初中生的写景状物作文，大多数是就景绘景，就物摹物，显得很平面，缺少情调，缺少人的情感的参与。但有一次我从一份刊物上读到一位初中生写的一篇题为《家乡的小河》的散文，给我留下深刻的印象。作者不仅仅描绘了小河的景色，还讲述了童年时和小伙伴在小河里洗澡、摸鱼的快乐，也描述了小河随着家乡的变化而变化的过程，这样的散文就不是我们通常说的作文了。

爱写作的学生不妨多多尝试！文学从作文中起步，美好的文学世界，是从少年的梦想出发的；真实的创作，是从每一天的坚持开始的。

人人会写作：
作文小论

如何写出好的游记

我曾给一位小学生的游记作文写过推荐语，也把他的作文给了几位朋友的孩子读。他们读了这位同学的几篇游记作文，非常羡慕——不但羡慕他能够经常和爸爸妈妈去游览、观赏美丽的风景，而且羡慕他能够写出这么美妙的体验，写出这么多的感受，写出这么好的文字。

其实，每一个同学都有过游览的经历，都去过风景区，去过度假村。即使是生活在乡村里的学生，也一定有过爬山、游河、摘果的经历。总之，谁都不缺游览的经历，谁都见过风景，都观赏过动植物世界，但是不是谁都会讲述自己这些游览观赏的经历呢？是不是谁都会准确生动地描述自己的所见所闻所感呢？我敢肯定，有些学生是不能驾驭文字的，不是因为不会写，不是因为笨，而是因为他可能不太爱写，也不太习惯于记录自己的生活经验。从那位会写游记的学生的作文,可以发现,他是一位既勤快也有心的孩子。每一次他和爸爸妈妈或同学出门游览,都会把见闻记录下来。因此,他的作文里有一种想与别人分享快乐的心理。我觉得这是一种很好的写作文的状态。希望每一位想学好作文的学生,都能领悟到这一点的重要性。

　　游记,顾名思义,就是把游览的经历记录下来。当然,游览时,会看见一些静态的景物,也会看到一些动态的景物。如果把这些动态的和静态的景物按照其应有的秩序和规律组合到一起,这就是技巧了。比如,如果我们去观赏一座山,就得从山下爬到山上去,这就是路线,而游记作文的叙述一般也应该按照这个秩序来进行。我们在描绘景物的时候,也应该是先把在山下看到的描述出来,然后再描述在山上看到的景物。此外,爬山时,通常是由远到近的,因此,我们笔下的景物也可以按照远近不同角度的观察来安排,这就是景物的层次,也是叙述和描绘的层次。

　　不过,聪明的作者不会只描绘景物,还会把人的情感随时随地地自然流露出来。因此,优秀的游记就不只是记录游览的经历了,还会把游览时的感想与收获随时随地表达出来。除此之外,聪明的作者还会打磨文字,让语言更生动活泼一些,更符合景物的特点,更能把一个人在不同地点或角度观察时的不同感受表现出来。

　　一句话，写游记既要用眼睛仔细观察，也要用心仔细触摸和感悟。不然的话，笔下的景物就会干巴巴的。

怎样写幻想作文

少年爱幻想，也很喜爱读幻想文学，尤其是女孩子，喜爱读童话，读幻想小说，读科幻作品。无论在书店里还是网上，都可以买到一些幻想文学作品，而且列在图书销售排行榜前头的，有些就是幻想小说和童话。幻想作文怎么写呢？幻想作文是不是想写什么就写什么呢？是不是写幻想作文时，作者可以天马行空，任意放飞自己的思维呢？

其实，幻想故事也是有逻辑的。我们编创童话故事的时候，不可能编得太离谱，毕竟它是故事，至少要有故事的逻辑。在阅读幻想文学的时候，不知道大家是否发现，那些真正的幻想文学，都是从民间故事和经典童话里得到启发的，且它的结构，它的叙事，都遵循着民间故事和经典童话的基本逻辑。比如说，《鲁滨逊漂流记》和《格列佛游记》，就是从民间故事和神话里得到的启发，前者塑造的是强者形象，后者张扬的是想象力，这都是神话或民间故事里的元素。编创幻想故事时，假如幻想故事里没有强者形象，缺乏冒险精神，也没有有趣的想象，更缺失故事的结构，那这个幻想故事就很难受到读者喜爱，甚至让人觉得没有什么意思。所以，写幻想作文并不像一般人所说的那么容易。

　　小学生比较喜爱童话，也很愿意写童话。那就说说写童话故事吧。我觉得要先去读一读格林童话，这是特别容易受启发的，读了几篇以后，就可能会写童话故事了。格林童话是对欧洲经典童话的改写，里面很多作品都具有最典型的经典民间童话的特点。比如说，《灰姑娘》这个故事，就用的是两个女人的对比：一个是善良的，处于弱者地位的灰姑娘，另一个是狠毒的，处于强者地位的后母。故事通过她们之间的矛盾来展开，最后是灰姑娘得到了幸福，而后母受到了惩罚。这个故事里，后母刁难灰姑娘，总共是三次。经典童话故事常用三段式的叙述来讲述故事。读了这个故事，就可以模仿着写一篇《某某姑娘》的童话，讲述她如何受到一个狠毒后母的欺负，又是如何三次摆脱后母的束缚，获得了自由和幸福的故事。还有，也可以根据《白雪公主和七个小矮人》的故事，编写一个《白雪公主和七个小矮人的故事的续集》，按照自己对童话的理解，讲述白雪公主和王子结婚后是如何和七个小矮人生活的故事。这样尝试着写童话，很容易满足读者的好奇心，也能培养自己的想象力。曾读过好几篇关于《龟兔比赛》的续集之类的寓言故事，写得都很好：有的讲述乌龟吸取了失败的教训后，如何发愤图强，重新赢得比赛的故事；有的讲述兔子赢得比赛后，如何骄傲自大，最后闹了很多笑话的故事。通过给一些经典童话写"续集"，来学习写幻想童话，是一条很好的捷径。

　　我创作童话，也是从模仿开始的。记得第一篇童话，就是模仿经典的寓言《乌鸦和狐狸》，自己写了一篇《喜鹊和狐狸》，讲述了一只喜爱唱歌的喜鹊，差点儿被狡猾的狐狸骗了，最后聪明的喜鹊识破了狐狸的阴谋诡计，让狐狸受到了应有的惩罚。另外，因为读过一些非洲童话、意大利童话和印度童话，所以我也模仿着写了几篇动物的故事，后来都发表了。当然，刚开始写幻想作文，就模仿那些长篇童话和长篇幻想小说，我觉得是不太妥当的，毕竟是初学作文，还欠缺对长篇的驾驭能力，因此还是尝试短小的故事比较好。再说，小学的作文时间有限，语文老师一般不在课堂上讲授作文方法，课后在家里也不可能有构思长篇的时间和精力。此外，要培养驾驭长篇幻想文学的能力，一般需要大量阅读长篇著作，因此，最好不要去冒失地写，否则既浪费了时间，又写得不好，自己也会沮丧，失去自信心。

　　事实上，阅读长篇幻想小说或长篇童话，对一般小学生来说只是获得乐趣和教益，培养对文学的亲近感，增强对幻想文学的理解。而要写好幻想作文，我想还是从小的、短的作品来学习为妙，最好从写小童话开始，甚至从写 100 字、200 字的童话开始。

如何写科学故事

曾应邀去重庆、河北和深圳等地的中小学做一些关于少儿阅读和写作的讲座，也应邀担任过《儿童文学》《少年月刊》《中国少年报》等报刊的作文评点老师，在与学生的交往中，我发现许多学生很喜欢科学幻想，平常他们常在自己的日记本上，或者在学校自己的网站上创作科幻故事。在深圳南山区一所学校，就有一位名叫刁伟杰的男孩，他课余就喜欢读科幻和写科幻。我见到过刁伟杰同学，那时他还是小学低年级的学生，可已经阅读了大量的科幻故事、小说、童话。他还研究恐龙，研究科幻故事。和他聊科幻，发现他对郑文光、童恩正、叶永烈、凡尔纳、威尔斯等中外科幻作家的作品很熟悉，甚至能够头头是道地给以评价和论析，我很惊讶，也很佩服，不得不承认许多小学生对于文学的理解比很多受过高水平的文学教育的博士都要深刻。

　　科幻故事很不好写。中国为什么优秀的科幻作家很少，优秀的作品也很少呢？这是有历史原因的。中国科技相对比较落后，现代科技的来临也不过一百年，加上科学教育还没有深入普及，所以许多人心中其实还没有科技、科学这个概念，甚至都不知道科学是什么，更谈不上对科学思想、科学方法的认识了。创作科幻小说必须要理解科学思维，理解科学世界，因为科幻小说虽然只是幻想性的，而不是现实的，但是故事的推进除了要有人的生活逻辑以外，还必须思考科学的命题，必须展现科学世界的可能性。也就是说，科幻小说里的世界是带有科学预见性的，而不是简单地用一些科学名词、一些科学事实堆积起来的一个生硬的"科学世界"。凡尔纳、威尔斯等的科幻文学为什么成为经典，郑文光、叶永烈的科幻文学为什么得到认可，主要就是因为作品中展现了一种未来科学文明的图景，一些后来者可能真正能够抵达的科学高度。比如说威尔斯笔下的"机械人"，今天不就成了一个真实的科学发明了吗？从这个意义来说，写科幻小说，千万不可胡思乱想，不可没有边际地瞎想，不要以为想到哪儿就是哪儿，这才是科学幻想。如果幻想的世界与科学思维、科学逻辑完全沾不上边，即使自己笔下所设计的科学形象很时髦，很具有现代气息，也没有合理的存在依据和可信度。

很多学生都读过科幻小说。只要读过几部科幻小说，就会有这种感觉：那些真正的科幻故事不是刻意布设科技背景的，而是在文学性的语言环境里很自然地出现科学的内容的，故事情节都是合理的，没有一点荒谬感。如果读一则科幻小说，觉得很荒唐，很无聊，那这个科幻故事就是"水货"。科幻小说无论怎么写，都不能超越人的基本的逻辑，不能超越人的世界。因为，科幻是人写出来的，其中的科学思维、科学思想是人的科学思维、科学思想，其中的故事也是人的故事，只不过这个人的故事是由"超人"形象来演绎罢了。科幻小说有些类似于"超人体童话"。我们通常见到的"超人体童话"中，"超人形象"一般都拥有奇异魔法或宝物，甚至有的就是巫婆、妖怪、仙女，这些形象某种意义上有点"反科学"，但儿童为什么喜欢它们，因为儿童是具有原始思维的。原始思维主要包括"泛灵论"思维、"任何组合"逻辑思维、"自我中心主义"逻辑思维，巫婆、妖怪、仙女的魔法可以满足儿童这些心理的需要，使他们获得一种心理的释放和情感满足。科幻小说中的"超人形象"是科学想象的，是有科学依据的，是科学技术的可能性的体现。

　　说到这里,也许学生已经明白了科幻小说是怎么回事,也明白了如何去欣赏科幻小说,当然也明白了如何去写科幻小说。其实写什么都不是绝对的。写科幻和写一般的童话故事、小说的基本技法是一样的,没有什么大不同的。如果结构故事、推进情节的能力不强,即使再有科学思维,再有科学的知识素养,也无法写出好的科幻故事,就像一个有了米、油但没有厨艺的人,是做不出可口的饭来的。所以想写科幻小说的话,先得多读读别人写的优秀的科幻故事。在这里推荐大家读一读叶永烈的《小灵通漫游未来世界》,它是不过时的作品,很生活化,也很有科学趣味。如果有时间,在不耽误学习的情况下,可以选读一些西方的科幻,如前面提到的几位作家的科幻,还有美国作家阿西莫夫的科幻,也可以好好读一读。我们中国也有写儿童科幻小说很优秀的作家,如张之路。他原来写过一篇《霹雳贝贝》,是科幻童话。前几年,他又写了两本很好的儿童科幻小说,一本是《非法智慧》,一本是《极限幻觉》。读一读张之路的科幻小说,看看怎么样,说不准会有特别的收获。

如何写好趣味知识童话

小学语文课本里有不少童话，这些童话有的是作家原创的，有的是对成语故事、寓言故事的改编。既然语文课本上都有童话课文，那么，无论是语文老师，还是学生，都有必要学习童话知识，掌握写作技巧，做到不但能读懂童话，还会写童话。

童话是故事的一种。写故事，就是要用文字讲故事，因此，童话也是记叙文的一种。不过，它不是一般的生活事件的记录和讲述，而是极具童趣和想象力的。童话里的主人公，通常是拟人的形象，即把动物变成人，或把植物变成人，让它们像人一样会说话，会做事。比如，童话里经常会出现小兔、小猫、小狗、小鸡、小鸭、大鹅、胖猪、花牛、蛇、乌龟、蚯蚓、蜗牛、鸽子、麻雀和喜鹊等形象，而这些都是儿童经常可以见到且比较熟悉的。因此，把这些动物变成人，让它们像人一样说话、做事、交朋友、产生矛盾，就很容易变成儿童喜欢的童话故事，毕竟这些动物形象本身就让儿童有亲切感。

先将动物变成童话形象，再让它们的言行和人一样，这是写童话的一个基本原则。比如，要讲述两三个儿童交朋友的故事，就可以写成小鸡、小鸭和大鹅一起玩耍，产生矛盾，后来重归于好的故事。比如，要讲述父亲和三兄弟的故事，表现他们之间的矛盾和亲情，就可以写成熊爸爸和三个小熊的故事，或猪爸爸和三只小猪的故事。比如，要讲述一个儿童做事慢吞吞的，上学迟到挨了老师批评的故事，就可以写成一只蜗牛上学的故事。让童话里的形象的言行和人一样，这样故事写起来就像写小说或记录生活事件一样，比较容易一些。

但写童话还有一个原则，就是把动物拟人化时要充分考虑动物本身的特点，即"物性"。如果讲述鸡妈妈和三只小鸡的故事时，所有的语言和行为都与猪爸爸和三只小猪的故事一样，就说明忽视了鸡和猪的不同特点。鸡的语言和行为应该有一些鸡的特点，猪的语言和行为应该有一些猪的特点，这才能体现动物的"物性"，也使童话因为形象不同而有了不同的趣味。日常生活中，我们之所以对乌龟、蜗牛、小兔和小鸭感兴趣,很大程度上是因为它们有不同的特点,不同的习性,不同的动作、声音等。因此,写动物童话时,尽量不要忽视这些,以免丢掉童话故事本可以有的趣味性和知识性。只要注意了童话里的"物性",一般的动物童话或植物童话就会自带知识性,能够帮助提升儿童对动物、植物世界的认知力。

当然,要写出有趣味有知识的童话,还需要坚持一个原则,那就是故事线索要清晰。同时,要设置矛盾和困难,让童话里的主人公面对困难、克服困难、战胜困难。战胜困难时,既可以用自己掌握的知识,也可以用其他的好办法。自己一时想不出办法时,就要让主人公去找朋友帮助。这样,故事的趣味性和知识性就增强了,童话也就更有欣赏的价值了。

我读过一个小学生写的《小蜜蜂历险记》,就是一则趣味性和知识性兼具的童话。这个童话里,小蜜蜂去采蜜,遇到了困难,也战胜了困难。这个童话故事基本上坚持了我前面提到的三个原则,因此读起来,就很不错,值得模仿和学习。

人人会写作：
作文小论

如何写好故事作文

小学三年级开始写作文时，最基础的训练就是写记叙文，其实就是做故事习作训练。但不少人不太明白什么是记叙文。记叙文，就是故事作文，就是生活故事作文，即讲述生活中发生的故事，把生活故事呈现在读者面前。因此记叙文不能虚构，不必编造故事，而应该立足于日常生活，把家庭、学校里和日常其他生活场景中的所见所闻讲述出来，和老师、同学分享。编造假故事，不算是真正意义上的记叙文。

无疑，记叙文就是故事作文，写好记叙文就是要讲好一个故事。那么，如何讲好一个故事呢？我觉得要注意以下五点：

一是先讲好一个完整的故事。讲出一个好故事，得先从讲出一个完整的故事开始。有的人很着急，一开始就想写出惊人的故事，这种愿望当然很好，但如果故事不完整，其他的细节再好，语言再美，也没有用。不完整的故事，不仅让人读不下去，很难吸引读者，而且很难传达情感、意义和美。因此，写出一个完整的故事，把一件事情的发生、发展和结局说得清清楚楚，就是一个基本功。写故事作文，要先写出完整的故事，再学会把故事写得有趣，写得很美，写得吸引人，并引人回味与深思。

二是把人物描绘得清晰鲜活一些。一个好的故事，不仅故事要完整，情节要生动，还要有一个很立体鲜活的人物形象，即故事要有一个让人记得住的主人公。没有一个清晰的鲜活的主人公，故事就无法真正发生和发展，可以说人物是故事的推动力。所谓"情节是人物性格发展的历史"，指的就是人物在故事中是一个最重要的动力因素。没有人物，怎么会有故事发生呢？故事都是人做的事，都是有人参与的事件。因此描绘好人物，是任何一个写故事的人的最基本的功夫。那么，怎么把人物描绘得清晰鲜活呢？自然要从人物的外貌、动作、表情、态度、情感、心理和语言等七个方面来描绘。外貌不清晰，模模糊糊的，那这个人物就给人面目全非的印象。缺乏动作和行为的描绘，人物就像一具僵尸。没有表情和态度，人物也是僵硬死板的，无趣也无生气，令人怀疑。不描绘人物的情感，那故事就难以牵引读者的心灵……只要有这七个方面的具体描绘，人物就会立体丰满起来，就会给人留下很鲜活的印象。

三是把故事的场景描绘得清晰、准确一些。任何一个故事的发生、发展，都有场景和空间。不过，故事在不断推进的过程中，可能会在一个固定的场景或环境中，也可能有场景转换。无论是发生在一个场景里，还是在不同的场景和空间里，讲述故事的人都需要对场景和环境有一个清晰具体的描绘。场景是故事发生的背景，也是人物活动的轨迹与空间的呈现，同时，也是故事能够不断推进的外部条件。因此，要讲好一个故事，即便是写一篇比较简短的记叙文，也要注意场景的描绘、环境的描写。有的作文里，有人物外貌的描绘，有人物对话，也有一些动作描绘，但缺乏场景的描绘，因此给读者的感觉是：故事比较平面，读起来好像很生动，但缺了一些深度，给读者的空间感不够。没有故事场景和空间，故事就很容易平面化，读者也无法进入故事情境。

四是讲故事时要带入作者的感受、体验和思考。讲故事，通常有两种姿态和视角：一是亲历者的身份或角度，二是旁观者的身份或角度。一般来说，写记叙文，要以亲历者的身份去写，这样才能写出真实的体验、感受和感悟。如果以旁观者的身份去写，就很难写出自己的体验和感悟，因为旁观者无法进入故事的场景，参与的评价也不具有亲历者的可信度。对小学生和中学生来说，写一篇记叙文，讲一个故事，还是要讲述自己亲身经历的故事，把家庭生活、校园生活和社会交往中亲眼看到、亲身经历的事件讲述出来，这样，容易自然地传达自己的体验、感受和感悟，也能自然地抒发自己的感情。

五是要对故事的过程有比较细致的描述。故事最吸引人的就是过程。我们读小说，读童话，之所以能被吸引，通常是被过程所吸引。过程波澜曲折，阅读的感受就会很好；过程简单直接，阅读就很难产生愉悦。没有对过程细致、鲜活的描述，就很难让故事变得有吸引力。那么，如何把过程描述得细致一些呢？这就涉及细节的描绘、情节的构思和矛盾的设计了。有些学生写记叙文时，缺乏矛盾的设计，也缺乏情节的构思，更没有细节的描绘，所以写出来的故事干巴巴的，读起来平铺直叙，毫无吸引力。比如，写一篇反映友谊主题的故事，就要把如何交友，如何结下深厚的友情的过程描述出来。因此，写记叙文也好，用小说的方式讲述故事也好，都要注意过程的描述。

当然，要写出一个好故事，还要注意其他方面的技巧或修养，比如，语言要讲究，要善于运用修辞，等等。无论如何，一个好故事留给读者的还有很多。尽管仅仅靠以上五个方面不一定能写出好的故事，但要写出好的记叙文，讲述好故事，必须具备以上五方面的基本功。

最后还想强调的是，对小学生、中学生来说，写记叙文，就是写故事作文，即讲述生活故事，描绘生活中的场景，刻画生活中的人物，发表生活中的感受，抒发生活中的情感，表达与生活经验紧密相关的情感。这样，记叙文就能给读者以真实的、鲜活的印象，就会真正吸引人、感动人，并赢得读者的信任和认可。

写什么作文最好

在外面做讲座时，经常会遇到一些学生问到一些很难回答的"问题"。有一次在重庆一所小学做文学讲座，有一位学生就问我："写什么作文是最好的？"这是一个很大的问题，很难给予一个圆满的答复，但又是每一位初学写作的学生都会思考的问题。谁都想写好作文，谁都想知道写作文的妙招，谁都想不费力气就能写出最好的作文。

是不是每个初学写作的人都问过这样的问题呢？小时候我也问过类似的问题，可惜没有谁给我一个答案。这里就谈谈我的一些看法，也许是对这个问题的回答。

什么是最好的？就写作文来说，"最好"其实是很难做到，甚至做不到的，但这并不意味着我们不要去努力。做任何事情，即使达不到最好，我们也可以争取最好，朝最好的方向努力。这一点，每个学生必须明白。明白了，就不会放弃努力，放弃进步。依我的判断，最好的作文和文体没有什么关系，并不是说写记叙文（讲故事）就比写诗（抒情）更好，写议论文（讲理）就比写说明文（介绍事物）更好。最好的作文和题材没有什么关系：并不是说写了美丽的景色，作文就好；并不是说写了家庭趣事，作文就好；并不是说写了班级的故事，作文就好；并不是写了战争与和平，作文就好；并不是说写了英雄人物，作文就最好……那种以题材决定作文优劣的看法是错误的，至少是片面的。我想说的是，无论写什么，怎么写，作文一定要是真实的、感人的，不真实感人的作文肯定是得不到读者的喜爱的。语文老师在批改作文时，不只是一个裁判，还是一位普通的读者，所以不会仅仅用那些所谓的"常规的作文模式"来给作文以评价，还会用读者的直觉和感悟来给你的作文评分。

　　有些学生也喜爱写生活故事，喜爱在作文里讲故事，但却让人觉得干巴巴的。为什么？第一，可能讲的故事没有感人的成分，也就是这个故事没有特别引人入胜的情节。第二，可能讲的故事本来包含了很有意思的内容，但由于语言枯燥乏味，导致没有味道。写作文，就像做菜一样，如果不会炒，不懂得用料，掌握不好火候，再新鲜的蔬菜，也会炒成一盘没有新鲜口味的菜。我有一年去安徽淮南参加一个活动，品尝过淮南人用豆腐做的"满汉全席"。普普通通的豆腐，经过精心的烹饪，就能烧成一百零八道菜，是不是很神奇？好作文不仅要靠写好题材，还要靠叙述和表达的技巧。技巧是可以练出来的，并不是天才才有的。掌握了基本技巧后，就能从平凡中发现神奇的东西，从看似不值得表现的事物里，找到新鲜的意义。

　　大部分同学的生活是呈平稳状态的，是"两点一线"的——"家里—学校"来来回回，可以说是波澜不惊，但如果用心，日常生活里也有新鲜的话题、新鲜的体验、新鲜的感受。爸爸妈妈的言行里，肯定有感人的部分；爷爷奶奶的唠叨里，肯定有难忘的情感；与同学每天的相处，也肯定有兴奋得大笑或哭泣的内容……做一个有心人，肯定会觉得写好作文并不是难事，因为每一天都可以捕捉到新鲜的令人感动的言行举止，每一天都可以捕捉到让别人眼前一亮的词语。

　　说到这里，再进一步阐述"什么是最好的作文"就有些多余了。有些学生不太会写作文，其实是在观察和意会生活方面有所欠缺。刚开始学写作文时，我也不会抓住细节，写故事总是写得很直接、很干巴。老师读完以后说我好像在写一个故事梗概，而不是在写故事。后来，我发现是没有挖掘好事件里最感人的细节，没有描绘出故事里的人身上最令人感动的动作，缺乏具体的情节设计，也没提炼出故事里的人说的最感人的话语。要讲好一个故事，不仅要叙述故事发展的来龙去脉，还要描述故事里的枝枝节节；叙述一个故事，要挖掘故事里的故事，要表现故事里的人物和性格，还要提炼故事里蕴含的生活哲理。

　　写什么作文是最好的？这个问题真的很大，真要说透彻这个问题，可是要写一本书的。但就写作者来说，实践才是最重要的，多写，多练笔，作文的技巧，作文的门道，都会自然而然地掌握好。到了那时候，这个很大的"问题"，就不成什么"问题"了。

第八辑
CHAPTER 8

作文是学好语文的关键

人人会写作：
作文小论

语文学习三步

很多孩子觉得语文学习很难，家长也觉得很难辅导。有些语文教师也一时找不到语文学习的最佳方案，因此，在教学时只能按照常规的做法，去讲课文，去布置作业，去进行各种测试。其实，虽然语文看起来很难，不像数学课那样有很明显的难度顺序和学习的规则，但也有一些基本的章法和步骤。

我觉得语文学习大致有三步：一是阅读，二是思考，三是训练（练习和写作）。阅读包括课内阅读和课外阅读，既要读懂课文，还要多读课外书和一些合适的报刊。读多了，有一定的阅读量，才会积累足够的识字量和词汇量，才能建立起对一些作品如对儿歌、散文、小说、故事、寓言、童话和古诗词等的基本认识，才能培养对一些美的语言的感受和感应，才能在心中树立对优美的有趣的文字世界的认识和判断。因此，阅读是一个基础，是语文的基础，也是所有学校课程和专业学习的基础，没有哪一门课程不需要阅读，读不懂课本，课程就学不好。没有阅读，其他的学习都谈不上。叶圣陶先生就认为语文的主要目标和任务是阅读和写作，课内阅读是为课外阅读打基础，语文课要培养学生对课外阅读的兴趣和能力。

思考是语文学习的第二步。读了课文，读了课外书，读了一些报纸和刊物上的作品，有一些语言积累了，也有一些体验和认识了，就要有思考。所谓思考，包括两个方面：一是概况和总结，就是在阅读过课文和其他作品之后，对所学习的知识内容进行概况和总结。如，读了一些诗之后，可以概括一下对诗的认识，总结出诗的一些特点。读了一些童话之后，可以概括出它们的基本特点，总结出读童话的经验，提炼一些独特的美的感受和认识。读了一些古文后，概括出古文的语法，找到句式规律，总结古文的词句和篇章特点。二是提炼和抽象。这是在概括和总结的基础上，对所读的材料和作品的提炼和抽象，并形成自己的判断和自己的见解。概括和总结，是对所读的书和作品里的内容的有序整理；提炼和抽象，是在理解所读的书和作品的基础上，形成自己的看法和观点，以及引发的思考。

提炼出来的东西,一般是所读的书和作品里蕴含的精华的、核心的情感和思想,抽象出来的是自己更高的认识和思考,是受到启示、启发之后形成的思想,包括创意的思维。

语文学习从阅读到思考,就是从基础阶段到了提高阶段,相当于迈开了一大步子,爬到了一个高处。但到了思考这一步还不够,因为要把阅读和思考获得的知识和思想化为己有,还要到第三步——训练,也就是练习和写作。特别是要去写。写呀,写呀,不断地写,就很容易把阅读和思考所获得的语言知识、文体认识、审美思考转化为自己的语言来陈述,来表达,来倾诉,来呼唤。读了多本好书,读了多篇优秀作品,如果不去动笔写,写一些感受,写一些想法,就很难把认识到的、思考过的积淀下来,形成有逻辑、有层次的文字。训练,尤其是写作训练,不仅是语言表达的训练,还是思想表达的训练,更是有逻辑、有层次的表达的训练。一个人的思考是有层次的,通过写作训练,才能把不同层次的思想表达出来,并使自己的思想越来越深邃,境界越来越高。

有的人喜爱阅读,读了不少书,上语文课也很认真,却学不好语文,且作文水平也不高,一个重要的原因,就是读了很多,却很少思考,没去概括和总结,也没提炼认识，抽象出道理，并形成方法，加上缺乏训练，很少动笔去写，于是，语文学习只到第一步或第二步就停下了，到不了第三步。一句话，学好语文，阅读、思考和训练，一步都不能少，每一步都要走得扎实和稳健。

重新认识读与写

网上有一篇文章,说中国学生的写作套路是国外大学最忌讳的,转载的人很多。文中重点比较了中国学生的写作和美国学生的写作,特别指出了中国学生语文读写存在的三个典型问题:

一是中国学生写作时存在过分雕饰的问题,喜欢用华丽的辞藻和句子来干扰读者,却不能用通透的语言来抓住中心,传达写作的要义。二是中国学生偏理科的通常不爱读书,也不爱写作。三是中国学生普遍缺乏学术论文的写作训练,多是为了考试而读写,作文是模式化的,缺乏对问题的关注,缺乏原创性研究的能力。

这三个问题的确是很典型的,直接指出了中国学生在读写方面的短板和语文学习方面的缺陷。第一个问题使我想起几年前被人热议的浙江省高考高分文言作文,辞藻极尽华丽，矫揉造作，却被给了满分，但实际上很多人并没读懂那篇作文，而且那篇作文似乎就是要堆砌华丽的辞藻干扰读者的理解，仿佛这样才精彩。殊不知，作文是表达，是对话，失去了对话性，达不到交流的目的的写作，只是一具辞藻的僵尸，则是走入了歧途。但不少老师没有意识到这一点，仍在学生的作文训练中，反复强调要有文采，要追求华丽，要用诗意来把作文写得美一些。甚至有些老师还认为学生作文要搬用别的文章里的好词好句，动不动就引用名人名言或唐诗宋词。写作最重要的目的，就是要表达和交流，老师从一开始教授学生进行写作，就应该认识到这一点。如果不把该说的话说清楚，不说出自己想说的话，想表达的观点和思想，那就达不到交流与对话的目的。因此，写作训练不应偏离正确的轨道。

　　第二个问题也直击要害。的确，很多人，甚至一些教师，都认为理科就是要重计算，却不太重视学生的读写能力。我身边不少家长也认为文科就要读文学经典，读历史，读哲学，还有一些家长认为文科就是给那些理科学不好的学生选择的一条路。他们不知道，无论文科理科，写作能力都是核心能力，也是最基本的学习能力。正是因为不少人认为读理科就不需要读什么经典名著，结果导致很多理

人人会写作：
作文小论

工科学生人文素养缺失，并缺乏最基本的文字表达能力。事实上，学理工科的学生也要写论文，也要写报告，也要通过文字去记录，去表达，去创造。

第三个问题几乎是所有中国学生存在的一个比较严重的问题，因为中小学作文教学只写记叙文、议论文和说明文，且学校和老师不鼓励，也没有相关的课程来指导学生进行研究性写作。事实上，从小学开始，就应该鼓励学生去写调研报告，去写研究论文，去进行研究性写作，培养研究能力。

这三个问题的普遍存在，使得很多中国学生一出国深造，就会面临读写能力跟不上，且创造性思维能力不够的困境。其实，从小学到中学，语文学习就是要尽可能全方位地培养学生的读写能力，引领学生从课内走向课外，从课本的学习扩展到更为广阔的文字世界。语文课和其他课程都要重视语言表达和写作，学校要开设真正能够激发想象力和创造力的写作课程，以写作带动其他学科的学习。

因此，对中小学生来说，如何抓好读写，提高读写能力，是一件非常紧要的事。小学阶段要多读，要广泛阅读，还要多进行写作训练。到了初中和高中，则要有意识地读经典，且进行研究性写作。这样，才会促进自身的读写能力持续性发展。

理解作文的三个层面

前面说过，作文是一种基础写作。小学和中学的作文是一种基础性的文字训练，因此和文学写作不一样，要求和目标也有所不同。很多人忽视了这一点，因此出现了两种对作文的态度：第一，把作文和文学写作完全区分开来，认为作文和文学写作不是一回事。于是，作文就变成了记叙文、议论文和说明文三种"作文体"的重复性写作。第二，把作文和文学写作混淆起来，认为作文就是文学写作，因而就把对作文的要求提高，用很高的标准来衡量学生的作文。

的确，作文就是一种基础写作，是学生在小学、中学阶段的一种基本的文字组装训练，其基本目标就是让学生学会用词造句，并运用逻辑思维来组装篇章，形成书面表达的基本方法，同时学会记叙、议论和说明，学会记录和表达，以实现文字的交流与沟通。不过，近十几年来，中考作文和高考作文出题都以材料作文为主，即便是命题作文，也多为观点作文、说理作文，于是，很多初中和高中语文教师就把作文的教学重点放在了议论文写作上。

事实上，无论是从对作文的理解角度，还是从学生的能力角度，初中生和高中生作文都应该落实到写作的三个层面：一是记录，二是表达，三是创造。所谓记录，就是把事实和信息记录下来，比如，可以记录一天的学习和生活，可以记录一门课程的学习，可以记录一堂课，可以记录一次会议，可以记录一次比赛，可以记录一次郊游，还可以记录一次阅读。记录的重点在于对信息的记录，有助于还原事实，与人准确地分享所记录的事实和信息。记录讲究准确清晰，同时要注意客观冷静，不能凭空想象，更不能无中生有，即记录求真，记录就是真实的叙事和描述。所谓表达，就是作者要把自己想要说的话说出来，因此表达更多的是作者自己的情感、情绪、观点、思想和审美意识。也就是说，表达就是作者要对读者说出自己的想法，表达自己的情绪和情感，并传递自己的思想，传达自己的审美观和价值观。如果说，记录是对客观世界的再现，那么表达则主要是对主观世界的表现。一篇作文，不仅要有真实的事实和信息，还要有主观情感和思想等，这是作文既真实又动人的一个原因。小学作文也好，中学作文也好，都要包含记录和表达。只要作文包含了这两个基本的层面，那就基本完成了作文的目标。但优秀的作文，尤其是真正意义上的写作，一定要上升到创造这个层面。只有记录、表达，而缺乏创造的作文或作品，既无法彰显作者的个性和语言的风格，也无法显示作者的文字智慧。

那么，什么是创造呢？对写作来说，创造意味着三个方面：一是语言形式的创造，即运用恰当的修辞把句子写得漂亮一些，优美一些，让语言更符合人的情感、观念和思想的表达。读优秀的文学作品，无论是诗歌、散文，还是小说和戏剧，会发现它们在修辞方面各有风格，都恰到好处。二是文体形式的创造。相同的情感和思想，可以用不同的文体形式来表达，有的人善于用诗来表达自己的情感，有的人选择用故事或童话来表达自己的情感。诗歌、散文、童话、小说和寓言这些文体都可以承载人的情感和思想，表现人的审美观念。每个优秀的诗人和作家都会选择最适合表达自己情感、思想和审美观念的文体，去进行创作，去赢得读者的青睐。三是意义的创造。无论是写诗歌、散文，还是写故事、小小说，都要创造意义。所谓意义的创造,就是表达作者独特的观点和看法,独特的见解和思想,独特的审美观念和价值观,等等。创造体现独特性,展示作者的个性,因此意义的创造里包含了作者的个性人格,显示了作者对生活与世界的理解。作文作为一种基础性的写作,本身受到字数的限制,尤其是初中和高中作文对字数都有规定和限制,学生不可能在 600 字或 800 字的作文里全面记录和尽情表达。作文尽管短小,有篇幅的限制,但也有它的灵活性和可以发挥的空间,因此作文也要求尽量显示个性,表现理解力与创造力。

也就是说,作文虽然不像文学写作那么独特和高深,但优秀的作文依然要面对记录、表达和创造这三个层次的问题。作文不但要有记录,还要有表达,最好体现创造性,而且作文这种基础的文字训练就是要逐步把学生从记录、表达引导到文字的创造上来,因此,作文虽然不可和文学创作相提并论,但它的创造力培养目标指向却是与文学创作一样的。理解了作文的这一点,就知道如何进行作文训练了。在小学和初中阶段,自然要多训练记录,因此作文要和生活结合起来,要与自身的经验结合起来,记录和讲述身边的人和事,以及自己亲身的经历和体验。在此基础上,学会表达,并把记录和表达结合起来,渐渐地领悟文字创造的奥秘。

  我多次提到,理解作文,认识作文,是写好作文的前提。记录、表达和创造是作文的要义,也是文学写作的要义。有了这个认识论,加上多多进行实践训练,就能写出好作文。这里还想说的是,文学创作从记录、表达和创造这三个层面出发,其目标是很容易实现的。这也让我们理解了创意写作所提倡的,即便不是人人都要成为作家,但也要告诉所有学生:人人都可以成为作家。

人人会写作：
作文小论

作文是语文学习重要一环

作文是小学语文学习的重要一环。语文课程不仅仅是上语文课，还要引导阅读，指导学生作文。有条件的小学生家长不仅要重视孩子的课外阅读，还要重视孩子写作能力的培养。

作文没那么多高深道理，就是要学会写，学会用已经熟悉的词语和句法来描绘自己的所见所闻所感，来表达自己对家人、朋友、老师及生活和社会的看法。具体说来，小学低年级学生的作文主要目标是学会写话，即能够把自己平常的话语表达得比较准确，能够叙述一些基本的事实，并且能够顺畅地表达自己的看法。中高年级小学生的作文，要求就要高一些了，不仅要学会写人、记事、绘景、状物、议论，还要学会抒发自己的情感，能够用一些很有创意的形式来展现自己的幻想力和诗性体验，甚至有一定的文学创作能力。

　　当然，无论学什么东西，模仿都很重要。尤其是作文，开始时，学一学别人，看看人家是如何写作文的，这就是一种参考性学习。现在很多人喜爱订阅作文杂志，甚至文学刊物，一是为了阅读，拓宽知识面，提高文学感悟能力；二是通过阅读，给自己找到一个学习的参照物，也就是找到模仿的材料。我主编了不少儿童文学选本，也翻译了一些儿童读物，就是要给小学生朋友提供一些优质的阅读资料，同时也普及一些儿童文学的基本常识，让更多的大读者了解儿童文学，理解童心世界。我还编过多册小学生作文选，这些选本里的作文，就可以成为小学生的作文参考资料。每一种作文体裁，其中都有一些很值得学习和模仿的佳篇，相信有感悟能力的小读者，一定能够从中吸取到有益的营养。

　　十多年前，我选编过"年度最佳小学生作文"，很受小学生欢迎，尤其是得到了一些小学语文老师和小学生家长的认可。据当年开卷的监测，我主编的《2008中国最佳小学生作文》在全国作文类图书中，发行量非常好，进入了前50名，可见这种优中选优的作文图书对小学生作文具有切实的指导意义。

　　我选编的小学生作文选，内容比较丰富，和一般作文选不一样，它增加了一个新的内容，即针对每一个作文体裁，主编都写了一个简练的作文指导，以便启发小学生更加明白每一个作文体例的写法，同时围绕每一篇作文都撰写有专家点评，让小学生更加明白作文的奥秘。

另外，我选编的作文选中，其中的优秀作文很多都是著名的儿童文学作家和作文教育专家推荐的，比如说，《东方少年》的编辑部主任周敏、崔翌，主持《语文报》阅读专栏的著名儿童文学作家程逸汝，《儿童文学》资深编辑金本，《作文大世界》主编刘崇善，获得首届鲁迅文学奖的军旅诗人王久辛，高恩道、张鹤鸣、谢玲、巩孺萍、毛芦芦、林乃聪、龚房芳、王静和梁临芳等优秀儿童文学作家，他们从不同的角度推荐了一些优秀的小学生作文，有的还参与评点，使我选编的优秀作文选更加具有代表性，也更加适合小学生阅读和学习。

这几年，我没有时间选编优秀作文了，但对语文教育的关注和研究依然没有中断，不仅写了好几本指导家庭阅读和家庭教育的著作，还写了《作文课：让创意改变作文》和《小学生创意作文50讲》等书，就是希望通过自己的努力，来帮助中小学生提高语文学习能力和作文能力，从而顺利完成学业，考上好一些的学校。

感受阅读、作文与成长的快乐

　　这些年从事儿童文学创作与理论批评，结识了很多优秀的儿童文学作家，有的有师生之谊，有的是朋友之交。不管怎么说，我所认识的这些儿童文学作家，都热爱儿童，都怀有一颗真挚而纯洁的童心，且对儿童文学世界之虔诚，是一般人难以想象的。他们无论从人格，从生活经验，还是从创作之路与成长之路来看，都是值得我们学习和钦佩的。

　　在中学或小学做讲座时，老师们和学生们一般希望我多讲一讲自己的成长道路，讲一讲写作的技巧，讲一讲文学创作的经验。每一次讲课，我都发现那些年轻而又散发出清嫩芳香的生命，怀着无限的好奇，渴求知识，渴望成长，也渴望得到书香的润泽、文学的熏陶，更渴望能够用自己稚嫩的笔书写少年的时光。这种经历，也使我常常增

人人会写作：
作文小论

加了一份教师的责任感和作家的使命感，于是，近十年来我不再仅仅待在书斋里写作或做理论探索，而是主动去与出版人合作，选编一些优秀的儿童文学作品，让少儿读者更多更好地了解中国优秀的儿童文学作家和作品，让他们知道中国还有适合他们的精神营养，还有人在认真地为他们筑造美好空灵的文学世界。我曾给四川少年儿童出版社编过一本《100位作家教你阅读、作文与成长》，就出自我在给中小学生做讲座时产生的灵感。我想，如果把自己熟悉的优秀的儿童文学作家的读书、作文、成长的心得和感悟送到这些青葱的生命面前，那将会比自己出版一本散文集更富有意义。

现在很多家长对孩子的阅读、作文与成长很困惑，甚至有些家长不知道用什么样的方式或材料来教育引导孩子，尤其是在孩子的阅读与作文方面，营造的氛围不够。有些家长愿意给孩子买书，不过，买的都是教辅资料，都是围绕着考试而编的各种习题。应该说，考试也是一种手段，在学校教育中是不可缺少的检测方式。但少儿课外阅读也很重要，尤其是那些优秀儿童文学作家的作品，更是适合少儿阅读，家长和老师应该让孩子亲近这些文字，让他们在少年时代享受文学阅读的乐趣。另外，文学阅读本身就具有不可替代的文化价值，它不但给予人快乐，给予人审美熏陶，而且还教人认识人生、了解世界，从而丰富人的精神世界。

收集在那本书里的文章，绝大部分都是我约作家们写的，是作家们最新鲜的文字。这些文章风格各异，有的文字朴素，情感真诚；有的文辞优美，情感飘逸；有的重经验的传达；有的重技巧的表现；有的是以讲故事的方式，让读者在娓娓动听的文字里，感受到书香的氛围和成长的快乐；有的是以随笔的手法，让读者在舒缓平和的语调里，品味到写作的诸多乐趣和童年的五彩斑斓。那些文章大体可以分成六部分：一是"作文与阅读"，收录的是作家们讲述自己读书经验的文章，旨在告诉读者，要想写好作文，或者说要想在成长之路上走得从容些，阅读是很重要的；二是"作家教你写作文"，收录的是作家们谈作文技巧和方法的文章，它们有的很直接地讲述了作文方法，有的则是间接地表达了作文的一些诀窍；三是"作家写作文的故事"，收录的是作家们在初学作文时发生的故事，有的幽默有趣，有的富有启发，让读者感受到创作最初的生命韵律；四是"作家文学创作之路"，是作家们对文学创作之路的回顾，也是作家们生动而深刻的人生感悟，使读者通过这些文字，了解作家的文学成就的背后所付出的心血与汗水;五是"作家的童年",收录的是作家们的童年故事,通过描述缤纷的童年生命色彩,让读者感受到童年时光的美好与纯真,同时,也能让读者辨识作家们奋斗的清晰足迹;六是"作家作品阅读",收录的是一些作家的小说、童话、散文,这些作品很亲切友好,也会给读者展示一个美好的文字世界,让读者感受到阅读与写作的快乐。

如果认真阅读那些作家写的与阅读和成才有关的文章,就会发现,大部分作家都是怀着真正对话的姿态来写的,饱含着真情,甚至有的是流着泪在写的……不管怎样,他们的文章首先感动了我,因此我乐于把那些优秀的文章编辑起来,相信儿童读者会受益良多。能够得到作家们的支持,我也感到很荣幸。我觉得那不仅是一本非常有艺术价值的书,对那些热爱文学,愿意为孩子写作的人来说,也是一本难得的书。我觉得,这本书是一部难得的人生教科书,它告诉读者很多做人的道理、处世的哲学,也传递了勇敢前进的理想。

多年过去了,我依然感谢这些作家!愿每一位儿童读者喜爱那些清新而富有激情的文字,愿每一位儿童读者能感受到阅读、作文与成长的快乐。

第九辑

CHAPTER 9

我的作文之路

人人会写作：
作文小论

第一次作文

　　第一次写作文，说起来可笑。小学三年级的第二个学期，大概开学不到一个月，语文老师在课堂上郑重其事地说："同学们，今天我们要开始写作文了！"当时，我们都觉得很奇怪，有一个同学立刻举手问："老师，什么是作文呀？"于是，老师就给我们讲什么是作文。老师说，课文就是作文，不过那是大作家写的文章，如果你们也学着写，你们就会写作文了。当时，我突然觉得作文令人惊奇，也令人兴奋，因为像课文这样的文章我们也是可以学着写出来的呀，想一想，都觉得很神奇。

　　老师讲完什么是作文后，就给我们出了一个作文题目《放学路上》。这个题目怎么写呢？老师说："你们把在放学路上所看到的好人好事记下来，就行了。字数不要很多，每个人写三百字、五百字就可以了。"大家觉得很好玩，我也一样。不过，很快我们就觉得这篇作文其实很难写，因为放学路上能有什么事情呀！我们要么就是到路边的小溪里摸鱼捉泥鳅，要么就是跑到山上去打仗，去捉鸟，去疯跑，还有些同学会在路上吵架、打架，打得鼻子流血，哭哭啼啼回家……很少有什么特别新鲜的事情。这些要是写到作文里，老师看到了估计要狠狠批评我们的。在学校里上课，同学们都很少认真听讲，经常讲小话，开小差，做鬼脸，有些同学作业都不会做呢。每天放学以后，我们就完全变成了调皮捣蛋的家伙，都变成了野孩子、疯丫头，所以要讲述一些疯呀野呀的故事，还是蛮多的。但老师布置的作文，要写好人好事，这可难住大家了，而且还要写三百字以上，这是多么难的一件事呀。

　　我们都没觉得自己做过什么好人好事，也似乎没看到谁做过好人好事。于是，都不约而同地编起了"好人好事"，有的同学写自己给"五保户"奶奶砍柴，有的同学写自己背生病的同学回家，有的同学写自己把跑到田里吃稻子的猪赶出来，有的同学写捡到别人的钱包及时归还失主，有的同学写自己勇斗歹徒……过了两天，又上语文课了，老师读了大家的作文，不知是不是觉得有意思，还挑了几篇在课堂上读了。这些第一次写在作文里的故事，都是不符合事实的呀！村里根本就没有"五保户"老奶奶。当时是三月份，水稻还刚下种呢，哪有什么稻子呀？至于勇斗歹徒的事，更是子虚乌有……不说了。老师读这几篇造假作文的时候，大家都捂着嘴笑了。那些作文被读的同学，脸通红通红的。

  第一次作文竟然都是"造假"！现在想起来确实是笑话,但当时为什么大家会编假故事呢？今天也值得再思考。

投稿的惊喜

小学时,家庭经济比较困难,爸爸每一个月的工资都不够我们四个孩子吃饭的,还要靠妈妈的劳动来维持全家的生活。所以上小学时,我家里基本上没有订阅过少儿报刊。但幸运的是,我的大姨父经常订阅一些儿童杂志给表哥阅读,所以,小学时我和表哥就阅读了《儿童文学》《少年文艺》和《小溪流》这样的儿童文学刊物,认识了很多优秀的作家。因此,小学时我的语文与数学一直是班上最好的,作文还获得过学区比赛的第一名。

不过,小学时虽然作文写得不错,但还没有想过要投稿,更没有想过要变成作家。只是到了初中时,才开始羡慕那些作家、诗人,羡慕他们能够在报刊上发表那么美的作品。当然,这种羡慕既激发了我写作的积极性,也让我萌发了投稿的想法。

那是初二时，我特别喜爱作文课。语文老师每次布置作文，我总会认真地写，勤奋地练，于是时常被老师表扬，有时候老师还会把我的作文拿到课堂上朗读，这让我感到有些不好意思，但也很骄傲。那时也开始进入青春期，老师每一次当着全班同学表扬我时，我都会感到脸蛋羞红。不过，同学羡慕和赞许的目光让我多了一份自信。

有一天，翻阅了一期少儿杂志，我突然觉得自己的作文不比上面刊登着的几篇初中生的习作差，心想：如果我把自己的作文寄过去，编辑老师会不会采用呢？记得那一期杂志上还刊登了李少白写的一组诗，语言清新，意象鲜活，还很适合朗诵，我特别喜爱。于是，晚自习时，也偷偷地写了几首，感觉很不错，就到学校附近的邮局，买了一个信封和一张邮票，然后把小诗工工整整地抄在方格稿纸上，寄了出去。

说实在的，当时的心理，就像是在做小偷一样，心里发慌，生怕有老师和同学发现。随后的几天，心里也一直七上八下的，而且特别怕这事被同学知道。一个多月之后我差不多忘记自己寄过稿这回事了。有一天，班主任来教室查早自习时，叫我出去，说："谭旭东，你有一封信！"这可把我吓了一跳，当时怎么也想不明白，自己好像从来没有给谁写过信呀，而且我家外边也没有什么亲戚朋友，之前从没收到过谁给我写的信。班上同学们也开始兴奋起来，有的用异样的眼光看着我，有的开始窃窃私语，好像我做了什么让他们觉得很奇怪的事情，我的同桌的目光更是有些怪异，好像我背着他给哪个女孩子写了什么情书似的。

我随着老师来到了他的办公室，老师从他的办公桌上拿起一个赭黄色的信封，对我说："你是不是投稿了？"我没有勇气回答老师，只是在慌乱中拿起那个信封，然后风也似的跑出了老师的办公室，跑到了离教室比较远的校园操场边的大树下。我用颤抖的手撕开了信封，里面有一张短笺，上面写着：

谭旭东同学：

你的短诗《小溪流的歌》拟留用，请勿投他刊。

致礼！

×××编辑部

当时，我的心就要跳出来了，用有些发抖的手拿着那个小小的信笺，在操场上走着走着。我没有想到自己的诗作，也能够和大作家、大诗人的一起刊登在这样的杂志上。那个时候，虽然没有做什么文学梦，但我已经开始感受到写作给我带来的巨大的快乐和幸福。不过，我还是没有勇气告诉同学们,说自己有作品要发表了。因为还没有看到刊登我作品的刊物,心里还是没有底。不过,编辑老师的来信给予了我极大的鼓励,我写作文的积极性越来越高了,每一次语文老师布置作文,我都会认真地、一丝不苟地完成,而且经常会得到老师的表扬,有时老师还会把我的作文当作范文进行点评讲解。

过了几个月,果然收到了散发着墨香的少儿杂志,上面刊登着只有十几行的我的处女作《小溪流的歌》,随后我又收到了一笔小小的稿费:10元钱。我用它在小镇的书店里买了冰心的小诗集《繁星》,还和表哥一起到小镇的米豆腐店里,吃了一顿飘着葱花香的米豆腐。这是第一次享受写作给我带来的成果,也是我爱好文学的真正的开端。

这第一次投稿和发表作品的情形,至今难忘。无论如何,这是我勇气的表达,而且在那个时候,一个乡村中学的孩子,谁有胆量去投稿呀!况且一个学生能够发表自己的作品,已经是很了不得了。但现在想起来,当时之所以有勇气去投稿,还是阅读给我的动力。如果我不读那些优秀的文学作品,不去读那些少儿杂志,就不会写出比较好的作文来;如果不勤奋练笔,我也不会得到老师的表扬,更不会有信心去投稿。

第九辑
我的作文之路

第一次发表新闻作品

写作,最初是作文,然后就是文学创作、新闻写作了。文学与新闻是不分家的,我的成长之路也有一段写新闻的经历,且写新闻对我的文学创作起到了很好的促进作用。

说起写新闻,尤其是第一次发表新闻作品,是上高中时。那时候附近村有一个姓刘的大哥,他三十多岁了,不结婚,也不务农,只痴迷于新闻写作,经常在乡村里到处走走看看,发现了一些乡村好人好事,就写成小报道,寄给市里、省里的报纸,每年都发表几十篇"豆腐块"新闻,在县里有一点名气。他村里很多人认为他不学手艺、不干农活、不结婚,天天东跑西串的,不务正业。他爸爸妈妈也认为他不应该写那些不值钱的小文章,应该早结婚早生孩子。我五姨父家就在他的村子里,有一次去五姨父家拜年,五姨父介绍我认识了这位刘大哥,还夸他是一个才

人人会写作：
作文小论

子。刘大哥知道我爱好文学，喜爱写作，就让我跟他一起写新闻。有一次，他来我家这个村子，还见了我，把自己发表的作品的剪贴本拿给我看，啊，厚厚的一本啦！虽然有的新闻作品只是几百字，但这毕竟是在《湖南日报》《郴州日报》这样的报纸上发表文章。在我们方圆几十里的上十万人的大半个县，谁能发表这么多的文章呢？我非常佩服他，也去镇上的新华书店买来新闻书读，琢磨着怎么写新闻报道。

有一次，我去五六里路外的水泥厂看我的四姨妈。听她和隔壁邻居聊天时，知道水泥厂因为离县城远，加上又在山沟里，没有一所小学和幼儿园，那里上百名职工的孩子都无法在身边上幼儿园和小学。这些职工的孩子如果要上学，也只能到我们村里的小学来就读。但从水泥厂到村里小学，要走六七里路，交通不方便，都是沟沟坎坎的泥巴路，要通过很多水稻田，还要翻过几座山，到了梅雨季节，不但无法走，还很危险。四姨妈和同事们很苦恼，一直抱怨厂里条件太差，耽误了孩子们的学习。我听到后，当时就想，这就是一个很好的新闻。读《湖南日报》时，知道它设了一个《读者来信》的栏目，我可以给这个栏目写一封读者来信，反映这里的情况，也许可以帮助水泥厂的职工解决这个问题。回到家里,我正好遇到了那位姓刘的大哥来我们村里采访,就对他说了水泥厂的情况,他听后也觉得这是一件可以反映的事。但他说,省里有《湖南工人报》,如果是反映工人的困难,可以写好稿子后投给《湖南工人报》。他还告诉我,他在《湖南工人报》上发表过好几篇新闻了。于是,我们合作写了一篇《山区职工子弟上学难》的稿子,寄给了《湖南工人报》。没想到,过了十几天,收到了一份散发着油墨香的《湖南工人报》。在一版的下方有一个套红的标题,显示着我们写的新闻稿发表了,而我的名字就在稿子的末尾。我内心的激动难以形容!这是我第一次公开发表新闻作品,且发表在省报的头版!对于我写的新闻所反映的问题,县政府很重视,还做了批示,要求教育局解决水泥厂职工孩子的上学问题。当然,后来我去水泥厂看望我姨妈,她们厂里的职工还对我竖起大拇指呢。

　　有了这么一次经历,我对新闻开始产生浓郁的兴趣,写作的热情也非常高。上大学后,我考上了英语本科,在外语系读书。入校的第一个学期,我就参加了校报记者团。记得我大学期间的第一篇新闻稿,反映的就是外语系的好人好事,我把它投给校报,被校报老师采纳了。随后,我

人人会写作：
作文小论

经常给校报写稿，主编张老师认为我很有灵气，是可塑之材，就打电话给系里的书记，让她通知我到校报编辑部去一趟。张老师热情地给我泡茶，也给我讲了一些新闻知识，还拿出我写的稿子，告诉我哪些地方可以改进，以及这个新闻如果这样写会怎么样，如果那样写又会怎么样……我听得很认真，也很佩服张老师的新闻水平。那次，临走时，张老师还送给我一本关于新闻写作的书，鼓励我用心发现新闻，多多钻研写作，勤于练笔，争取写出更多好稿子。他还鼓励我给校报副刊投稿，他说文学底蕴是成为一名优秀记者的必要条件。于是，我常常去图书馆查阅新闻和文学创作的图书，并浏览各种文学期刊，钻研各种新闻报道，也处处留心校园的变化及身边的新人新事，陆续写了一篇又一篇消息、人物通讯、言论和小杂文，还有诗歌、散文。校报的显眼版面上，经常可以看到我的稿件和名字。渐渐地，我成了校报关注的重点作者，也成了校园里的小名人。到了大学二年级时，主编张老师让我担任记者团主席，让我组织校园新闻写作队伍，他还经常给我们做新闻写作培训，指导我们采写新闻，并学习新闻和文学写作理论。到了大学三年级时，我写了五六百篇校园新闻，其中大部分投给了《淮北日报》《安徽日报》《中国煤炭报》和《中国教育报》等媒体，结果发表了三百多篇，还被《煤炭高校信息报》评为优秀记者。到了大学四年级，我的新闻作品还获得安徽省高校好新闻评奖三等奖和全国煤炭好新闻二等奖。不仅如此，我撰写的《论校报在大学校园文化建设中的作用》等3篇学术论文，还在《煤炭新闻界》和《淮北煤炭师范学院学报》等专业学术刊物上发表。

　　张老师指导我文学创作，使我对文学写作也越来越热爱，审美感悟能力提高也很快。于是，我先是在《淮北矿工报》《淮北日报》等地方报纸发表小诗和散文。慢慢地，我的很多诗歌、散文、评论登上了《飞天》《小溪流》《中国铁路文学》《中国煤炭报》和《中国教育报》等报刊。后来，我还出版了自己的第一部诗集，并在校园里搞了一个签名售书，被《中国煤炭报》和《淮北日报》等报道。因为成绩好，而且发表了很多作品，我多次被评为"三好学生""优秀学生干部"，并获得首届淮北市政府文艺奖。当然，那次政府评奖我是唯一获奖的学生。这对十多年前的一个大学生来说，是多么了不起的荣誉呀！

　　现在回想起来，我的写作之所以取得了一定的成就，一是我努力坚持、勤奋练笔，二是我遇到了很多的指导老师，那位刘大哥给了我人生第一次惊喜，而张老师给了我青春时代最珍贵无私的帮助！从第一次发表新闻作品，到今天成为一个出版了多部文学作品和理论著作的作家与学者，我是幸运的，尽管道路也并非一帆风顺。

  无论如何，写作对我来说，既是美好的回忆，也是美好的开端。我珍藏着一份对新闻的迷恋，也储存着一份对美好文字的敬畏。

我的作文之路

说起写作文，很惭愧。与现在的小朋友比起来，小学时我的作文并不很好，因为那时候在山村小学读书，条件很不好。语文老师也不是很专业，不像现在的小学语文老师，都是大学毕业的。

我是小学三年级开始学写作文的。第一次作文，语文老师给我们布置的题目就是"放学路上"。他要我们写一写放学路上看见了什么好人，做了什么好事。这听起来好像很简单，因为只要我们能够把放学路上发生的好事记录下来就可以了。那时候，我们这些山村里的孩子，说白了，都是野孩子。爸爸妈妈忙着干农活,谁有工夫去管孩子呀？所以放学以后，我们要么是到田野里打滚，要么是到山上去爬树捉鸟，要么就是到小溪里摸鱼洗澡……一般来说，不玩到天黑，我们是不会回家的。记得有一次，我和几个

"小坏蛋"，跑到了附近的山上去追一只受伤的喜鹊，追呀追呀，我们翻过了一座山又一座山，等捉到了那只喜鹊时，发现已经离开家有十几里路了。我们回到家时，天已经很晚很晚了，爸爸妈妈点着柴火，到处找我们，非常焦急。那一次，我们几个小孩子的屁股蛋儿都吃了爸爸妈妈的棍子。

应该说，我们放学后的"生活经历"很丰富，农村里虽然没有报纸上所表扬的好人好事，但也有一些值得敬重的善行和美德。可平常很少读书的农村孩子，有几个能提笔就写出一篇像样的作文呢？多亏那时候我家有些课外书，加上姨父家也有不少小人儿书和《儿童文学》杂志等，我经常可以读到一些适合儿童读的作品，因此，我的语言能力在不知不觉中提高了。第一次写作文，虽然我是"编故事"，但条理还算清楚，叙述也比较完整。我的这篇"处女作文"，第二次上作文课时，语文老师虽然用只有我们才能听懂的"土话"点了一下名，但这一下可鼓励了我，让我觉得写作文是一件比较快乐的事情。我也是一个相对比较乖的孩子，每一次写作文比较认真，尽量写出一些有趣的事情来，把自己的想法表达出来，因此小时候的作文之路也比较顺利，没有失去对文字的兴趣。

上了中学后，课外阅读量增大了。我不仅读中外名著，而且那时开始接触新时期的文学，读了很多文学期刊上的作品，于是，对作文有了很大兴趣，且开始做起了文学梦。我的语文学习也自觉起来，后来考试虽然遇到了困难，但最终还是考上了大学，并在大学圆了自己的文学梦。

不过，要说我写作文有什么秘诀的话，那就是小时候爱读课外书。这一点我得感谢爸爸妈妈，他们一直不反对我读那些被很多家长所贬低的"闲书"。爸爸虽然工资很低，但看到我爱读书，竟然给我买了《水浒传》《西游记》和《三国演义》等这样的大部头，还买了一些新时期的作家作品集。当时我的文字理解力并不够，也没有完全读懂那些书，但家里这种氛围还是滋养了我的文学感悟力，促进了我写作能力的提高。

我一直觉得，家里的书香和阅读条件非常重要。越早接受好书的滋养，越能早早领悟到文字的魅力，并学会写作。

人人会写作：
作文小论

写作之路的感悟

有一次，校报的老师约我写一个专栏，请我给大学生谈一谈写作。

我想，与大学生谈写作，还是先说说自己的写作经历吧，也许这会对他们有点启发。

2009年4月底应邀去德国做文学阅读讲座时，德国读者听了德语艺术家朗诵我的诗歌后，也问过我关于写作的问题，比如，在维尔茨堡做讲座时，就有一位德国听众问我为什么爱写作。我一时竟然不知道如何回答她。现在回顾自己的少年时代，总想找一找自己热爱文学的原因，找来找去，觉得还是和少年时代的阅读有关。我感到非常幸运的是，那时候家里日子过得虽然比较清苦，但书还是不少的，爸爸总是想办法给我们一点零花钱，这样一来，我和弟弟就可以隔一段时间去镇上的新华书店，买几本冰心、巴金、朱自清、屠格涅夫和席勒等名家的诗歌、散文集回来，还可以买一些国内的文学期刊。所以少年时代，我就读了很多现当代作家的作品。记得初中时，随着识字量的增多，我对古典文学名著和外国文学名著也非常迷恋。初二时，因为学习任务比较紧，爸爸一般晚上不让我读课外书，于是我就拿手电筒躲在蚊帐里，偷偷地读完了《三侠五义》《封神榜》等章回体小说和线装繁体的《三国志》。

初三的时候，尽管升学的压力很大，但我还是读了《基督山伯爵》《悲惨世界》和《少年维特之烦恼》等诸多外国文学名著。结果，我只考上了县里的二中，爸爸妈妈有些不满意，但我一点也不觉得后悔。上高中时，我不但大量地阅读当时的《人民文学》《青年文学》《收获》《当代》和《湖南文学》等文学刊物，对那些写"伤痕文学""反思文学""改革文学"和"朦胧诗"的刘心武、张贤亮、王蒙、蒋子龙、舒婷和顾城等优秀作家、诗人非常熟悉，而且我还阅读了马尔克斯和卡夫卡等西方现代主义文学大师的作品。不过，高中时，给我印象最深的外国文学作品是叶赛宁、海涅的诗和马克·吐温、萨克雷、托尔斯泰、肖洛霍夫的小说，还有泰戈尔的散文诗，及安徒生和格林的童话。当时，我并不完全理解它们，但自己的确受到了感动或震撼。

现在想来，可能就是这些阅读的体验，培养了我对文学的情感，也在我的心灵世界播下了美好的种子。所以，高中时数学、化学和生物这几门课都比较擅长的我，最后竟然考进了大学外语系，最终又走上文学之路，可能是缪斯女神早在少年时代就对我有所指引。书读多了，不仅觉得有话要说，而且很希望自己也能够像那些作家一样用文字来征服世界啊！

南非小说家阿迈德·埃索谈到自己为什么写作时，说道："我之所以写作，是因为我有兴趣拜读世界各国作家的作品，并从中得到教益和启发，还因为文字排列与组合给我带来了美好的享受。"我的写作动机或者说最初的冲动，好像就如他说的那样。现在我很喜爱写作，喜爱这种创作语言的过程，也很享受这种以新的语言与人和世界对话的状态。

我还感受到，一旦真正学会了写作，文学世界会变得更加神圣。写作就是人生经历的总结，它也会促使我思考生活，战胜各种挫折和坎坷。

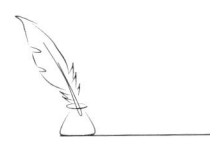

难忘那几家报刊

在儿童文学创作道路上,我不算新兵,也不算老资格。和同龄的一些儿童文学作家相比,我出道是比较晚的。很多儿童文学作家,十多岁就发表作品,有的二十来岁就有了名气。

我是二十多岁才第一次发表儿童文学作品,那是1995年,长沙的《小溪流》杂志第10期刊登了我三首儿童诗。但那一次纯属偶然,因为当时写的这几首诗,本来不是专门为孩子写的,只是有一次在图书馆看到了《小溪流》,觉得这三首诗可能适合它,就寄了过去,没想到刊物发表了。

但对我最初的儿童文学写作影响很大的要算南京的《早期教育》杂志。大概是1996年吧,当时我在马鞍山工作,在大学里教英语,有一次在报亭上发现了几份幼儿杂志，便翻阅了一下，发现其中的《早期教育》里还有幼儿文学专栏。于是，我买了一份回到单身宿舍，认真阅读，觉得里面的幼儿童话和幼儿诗写得很好，短小有趣，想象力丰富，很适合幼儿阅读。栏目的责任编辑叫姚国麟。我就写了十多首幼儿诗，寄给了他，没多久，竟然收到了样刊。姚老师用了整整一页刊了我6首幼儿诗，这对我是莫大的鼓舞！于是，我很快又写出了一些幼儿诗、儿歌和幼儿童话，不但继续寄给姚老师，还给《幼儿教育》《看图说话》和《儿童故事画报》等杂志投稿，没想到这些报刊也陆续发表了我的作品。而姚老师呢，又几次用了整页刊登我的幼儿诗，还几次写信给我，鼓励我。1997年，马鞍山市政府文艺奖评奖，我申报了一组在《早期教育》发表的幼儿诗，也获了奖，得了3000元奖金，这在当时可是很了不起的数字呀，要是自费出书，差不多都够了。可以说，姚国麟老师是我的幼儿文学创作的伯乐。2016年，我写的儿歌《小兔爱吹牛》获得了中宣部等多家单位联合主办的第四届全国优秀童谣评选三等奖，我想也有编辑老师一份功劳。

在给《早期教育》等幼儿刊物投稿时，我也开始给江苏《少年文艺》杂志投稿。那时候，马鞍山的报亭上，几乎每到中旬，就可以看到《儿童文学》杂志、江苏《少年文艺》及上海《少年文艺》，我买了几期，看看它们的风格和里面刊登的作品，觉得自己似乎也能写，于是尝试着写了一些儿童诗。拿出来给一些诗友一读，他们也认为不错，我就想：原来我也适合写童诗。后来我在书店里买到了几本儿童诗选集，读了一些名家的童诗，觉得也不怎么样，胆子就更大了，写作的热情更高。我把写好的童诗，分别寄给江苏《少年文艺》和《儿童文学》，没想到都被采用了。《儿童文学》杂志采用了3首短诗，当时的责任编辑是罗英，从来信的笔迹看，我还以为他是个女编辑呢。江苏《少年文艺》编辑也来了信，说要留用我一首长诗《十六岁的歌》，从笔迹看，编辑一定是位女性，但因为没有署名，猜不出来是谁。不过，没过俩月，我收到了江苏《少年文艺》的样刊，我的长诗占了整整一页，16开的杂志，能够占满一页对我来说就非常隆重了。这时候，我知道了责编叫章红，是一位美丽多才的女编辑。过了半年，我得知《十六岁的歌》被评为该刊年度优秀作品，章红老师还写信让我寄个照片。于是，1997年的江苏《少年文艺》封二上，出现了我的照片。这是国内少儿报刊第一次刊登我的照片。当时激动的心情，是难以言表的。上海《少年文艺》当时的诗歌编辑许丽勇也热情来信,给予了我肯定,同时也留用了我的诗作。于是,1996 至 2000 年那几年,我几乎年年在这三家国内最权威,也最有影响的儿童文学期刊上发表诗作,于是很快引起了儿童文学界一些诗人的关注。《儿童文学》和江苏《少年文艺》还刊登过我翻译的美国童话和童诗。《中国少年报》主编金本老师组织了两次全国儿童诗诗人聚会,分别在天津大港油田和河南太行山,都邀请了我,因为我怕耽误给学生上课,都没敢请假。但陕西《少年月刊》主编王宜振老师开始打电话向我约稿,于是,从 2000 年起,我在《少年月刊》发表了多组童诗,我写的童诗还两次获得了该刊的年度优秀作品奖。《少年月刊》也好几次专题介绍我和我的作品,还配上评论、照片,为此我赢得了很多读者的喜欢和认可。2003 年,《新华文摘》转载了我发表在《少年月刊》的诗《在孩子与世界之间》。记得那一期《新华文摘》还转载了著名散文家梁衡的散文,不过我的诗在原创文学栏目的头条,这也是迄今为止,《新华文摘》唯一对儿童文学作品的转摘,算是破了一次纪录。

　　随着在《儿童文学》《少年月刊》和两家《少年文艺》上发表诗作的增多,越来越多的儿童文学界人士关注我,其他一些少儿报刊也开始向我约稿,于是,我很快就进入了儿童文学圈，并且在罗英的帮助下很快就出版了自己的第一本儿童诗集《母亲与孩子的歌》。2001年来到北京后，我和《儿童文学》杂志的联系相对多了，它举办的所有重要活动，我几乎都参加过，其中在它举办的创刊四十周年大会上，我还代表年轻作家做了重点发言。我还担任《儿童文学》杂志社举办的小作家班的授课老师，参与它的进校园活动，还多次参加它的一些评选活动。与江苏《少年文艺》的联系也一直没有断过，章文焙老师和沈飙老师担任主编时，发表了我不少诗作，明天出版社2013年10月出版的我的少年诗集《你带着一朵花儿来了》中的不少作品，就是在《儿童文学》和两家《少年文艺》杂志发表的。

  我的儿童文学创作和研究之路是从儿童诗起步的，要不是遇到了这些少儿报刊和它们的好编辑，我想我也不会有今天的一些成绩。我一直感念姚国麟、罗英、许丽勇、章红、章文焙、金本和王宜振等编辑老师，是他们的热情关注和扶持，让我爱上了童诗，也爱上了儿童文学。

人人会写作：
作文小论

心里点着多盏明灯

　　报刊编辑经常来向我约稿，让我讲述小时候读书的故事。于是，这两三年又写了几万字与读书有关的散文和随笔，足以编成好几个册子。幸运的是，前几年，黑龙江少年儿童出版社出版了我的《有书的日子真好》和《乌石塘的孩子》，安徽教育出版社出版了我的随笔集《我的书生活》。这三本散文随笔集里就讲过我不少读书、写书、藏书的趣事，有些小时候读书的故事感动了很多小读者，还被选进了一些选本以及小学和初中的语文考卷。从小时候开始读书，与书结缘，有写不完的体验和心得，以后有机会，我还要出版两册关于书的散文。

　　和我同龄的人，绝大多数小时候家里很困难，也不可能读到课外书，即便有人接触到了课外书，也是偶然的因素。记得有一位比我年长一些的作家讲述自己如何走上文

第九辑
我的作文之路

学道路的故事时,就提到他是在一个同学家里发现了几本书,就借过来读,然后开始对文学有了一些初步了解,渐渐迷恋上了文学。我小时候爱读书,缘于家里有书。说起来很有意思,我家并不富裕,父亲是乡村教师,母亲是赤脚医生,和乡村里大多数人家一样,孩子多,经济条件不好。我父亲和母亲都出生于大家庭,老老少少,几十口人,人多事多,负担也重,各种开销,单靠微薄的工资是支撑不起这个家的。逢年过节,亲戚朋友一聚,都是好几大桌吃饭。更何况,我和两个弟弟,都是特别能吃能喝的男孩,因此,经济条件即使与今天的普通家庭相比,也是非常拮据的。但即使这样,我们家竟然也有不少书。爱读书的父亲和母亲,年轻时从微薄的收入里拿出一部分钱,买了二三百本书,装满了两个大木箱。除了《水浒传》《三国演义》《西游记》和《红楼梦》等四大名著,还有《说唐》《隋唐演义》《三侠五义》《三国志》和《三言二拍》等著作,也有高尔基的"童年三部曲",托尔斯泰的《复活》,以及《基督山伯爵》《红与黑》《茶花女》等欧美名著。记得小学二年级时,我已经识了不少字,能理解一些简单的篇章,因此开始对书有些好奇。很巧的是,有一天我想趁爸爸妈妈不在家,偷偷地在家里搜点好吃的糖果和炒货。结果,吃的东

人人会写作：
作文小论

西没搜到，却发现了两个大木箱子里藏着好多书。于是，我好奇地拿出一本来读，一下子就被迷住了，因为这本书比语文课本里的故事有趣多了，能够吸引我不断地读下去。就这样，小小的我，尚不认识多少字，就开始一本一本地啃这些书，虽然很多厚厚的名著根本啃不懂，甚至完全是浮光掠影地翻阅、浏览，但也渐渐迷上了课外阅读。

可能是那时候语文课太简单，课本趣味也不够，加上还没有电视，也没有其他的玩具吧，有这么多的好书读，而且里面有曲折的故事，自然是非常有吸引力的。记得每次放学，如果父亲母亲没有安排我去挑水、喂猪，或者摘菜，我就会拿起一本书，坐在屋子里，或者坐在门槛上，认真地读。读到母亲喊我吃饭，才从书本里回过神来。"快来吃饭呀，不然，菜都要凉了。"母亲又喊了一声，我才合上手里的书，思绪从书里的情节中走出来，然后，起身，把书放到里屋，赶紧坐到餐桌边端起饭碗。母亲和其他的女人不一样，她从来不因为读书耽误干活而责备我，对我读书是很支持的。那时候学校里的老师也几乎不布置课外作业，所以我不用担心没写好作业而挨骂挨批。那时候，父亲母亲也不像今天的家长那么焦急，从来不会布置我写读后感，因此，每次读书都是很自由的，也能完全进入文字的情境。

在家里，我一直是一个乖孩子，比较主动地去干家务活儿。早上起来，就会到屋前的山上去砍一担柴草，或者受母亲的委派，去自留地里给菜浇水，顺便摘一些瓜菜回家。下午放学回来，也会主动地去挑水、洗菜、切菜、煮饭，或者做一些其他农活儿。吃过晚饭，我会主动收拾桌子，把碗筷放到厨房里的洗碗槽里，然后，抹干净桌椅，把碗筷洗干净，放到碗柜里。母亲会在晚饭后，一边搓洗衣服，一边烧好热水，给我们洗澡、洗脸，或洗脚。剩下的时间，我又可以抱着一本《西游记》，或者《基督山伯爵》，悄悄读起来。很多个夜晚，煤油灯下，我都在读呀，读呀，而母亲在煤油灯下缝补衣服、纳鞋底，做一些乡村女人常做的手工活儿。有时候，母亲还会一边做着活计，一边哼着歌。给我印象很深的是，母亲很少哼唱她那个年纪的女人爱哼的红色歌谣，她轻声唱的是《九九艳阳天》这样的抒情歌曲，还有一些我不知道名字的或舒缓或明快的民歌。和很多乡村女人一样，母亲不仅勤劳坚韧，质朴无华，还特别贤惠聪明：她纳的鞋底，正反面的图案一模一样，就像工艺品一样；她缝制的衣服，一点不比街上的裁缝的手艺差。村里谁家添了孩子，她都会缝制小鞋小帽，再用手绢包上两个鸡蛋，送给人家。我在读书时，也不时地观察母亲的手工，因此，有些简单的缝补，像钉扣子、补袖口的破洞之类的活儿也学会了。让我特别有成就感的是，每当母亲要换针线的时候，都会让我帮着把细细的线穿进针眼里。我认真地穿着针，把母亲给我这样的机会当作一种荣誉。"我的大仔的心眼儿细，做事也细致！"母亲接过我穿好的针线，总会开心地看着我，夸我一句。

小学三、四年级的时候，我比较喜欢看《水浒传》《三国演义》《西游记》《说岳》和《隋唐演义》这几本书，还读了《三侠五义》，喜欢书里的武术，也喜欢书里的战斗情节，羡慕里面的男人能大碗喝酒，大块吃肉。也可能是这些小说里的主要人物形象都是威武、勇猛的男人吧，对我这样的男孩子是很有吸引力的。到了四、五年级时，我开始读《红楼梦》，但读了几次，好像都没读懂，因为不仅里面的诗都读不懂，而且不少心理活动也不明白。不过，几本外国文学名著却深深吸引了我。《简·爱》《基督山伯爵》《茶花女》《复活》和《猎人笔记》等，让我的心灵受到极大的震动，开始感受到了社会和人性的复杂性。虽然不知怎么表达，但这几本书我读了好多遍，每次，都能感受到一种让我更加沉默的力量。后来，我还读了一些欧美及俄国的诗歌集，熟悉了席勒、歌德、拜伦、普希金、叶赛宁和华兹华斯等名字，并开始爱上了诗歌。由于课外的时光多被文学名著吸引，也沉湎于故事和诗的情境，因此到了小学高年级后我不再淘气，不再过于好动，不喜欢和小伙伴们打打闹闹了，反之，我特别喜欢安静，甚至喜欢独处，大概也与小时候的阅读有关吧。

好的文字是让人安静的。经典不是给人大声读的，而是需要安静地品味的。有人喜欢参加各种读书活动，喜欢和别人一起诵读。这无疑是有意义的，因为这样的活动能唤起更多人去理解读书的要义，并开始去认识好书。但对个人来说，读书绝不是一件热闹的事。真正的读书，得在安静的环境，让心静下来，才容易进入文字的世界，才容易与书里的人物对话，才容易理解作家的用意。现在，常有一些记者或身边的朋友问我，为何会喜欢读书，是哪些书影响了我，是不是因为读了很多文学经典才有了作家梦，等等。这些问题都很有意思，但很难说以前读过的哪几本书对我的影响最深，也很难说以前的文学经典直接引领了我的写作之路。小时候读过的好书，尤其是经典，都在潜移默化地影响着我，一直到今天，它们依然是我内心的营养来源。我要说的是，小时候读过的那些书，对我来说，都是难以忘记的,它们都化成了我的记忆的一部分,都变成了我的整体品质的有机组成部分,都变成了我成长路上的指路明灯。如果小时候没有好书读,没有接触到几百本文学经典,那我的童年生活一定是完全不一样的,且我以后的成长之路,包括文学写作之路,肯定也大不一样,甚至我可能就不会爱上文学,也不会写出这么多的作品,出版这么多的书。

有时候,我想,自己之所以能变成一个作家和学者,一定与小时候读过的那些书有非常紧密的关联。尤其是那些文学经典,培养了我对文字的敏感性,教会了我认识社会和人生,理解生活,学会爱,发现美,找到希望与理想。每一本好书,就是一盏明灯。我庆幸,从小小的我,单纯天真的我,到今天的我,沧桑而开始世故的我,心里一直点着很多盏书的明灯——它们使我有了不一样的品质,也使我走上了和别人不一样的人生道路!

第十辑

CHAPTER 10

关于作文的对话

读写的八问八答

2006年暑假,我给一个军事夏令营做关于文学写作的讲座。讲座结束后,学生递了很多小纸条上来,希望我回答他们提出的问题。但安排的讲座时间总共只有两个小时,我当场只能回答五位学生的提问,其他提问就没有办法回答了。回家后,我就整理了小朋友们提出的16个问题,发现有7个问题是小学生普遍关心的问题,于是,我就在博客上做了回答。

问 老师，读什么书都可以吗？为什么我们要做文学阅读？

答 许多同学都问过我这个问题。不是什么书都可以读，书店里有好书，也有不太好的书或读了没什么价值的书。无论如何，都应该读好书，尤其是读经典。我经常给学生讲文学阅读的意义和价值，也是倡导大家读经典，读好书。现在的学生，尤其是都市里的学生，更要重视文学经典的阅读。首先，文学经典阅读是语文课的延伸，光是靠读语文课本上的作品是不够的，小学、中学的语文教学大纲也规定学生要有上百万字的阅读量，否则，基本的语言素养和语言能力就培养不起来。其次，今天的学生都是在电视、新媒体环境里长大的，许多学生花大量的时间看电子屏幕，这对成长是不利的。不能靠电子屏幕来给我们足够的营养，大家都知道，文盲和大学教授一样可以看懂电视和电子信息，这就说明电视和新媒体不可能满足我们的知识要求和素质发展的要求，而且电视提供的是平面的信息，电子屏幕提供的是视觉冲击，对于人的心性的培养是不利的。只有文学经典阅读，也就是说，只有读好书，读名著，才能够让人一步一个台阶走向精神的金字塔。最后，文学经典阅读是能够让人安静的。爱读书的孩子能够安静下来，善于思考，而能够学会安静和思考是我们学习成长必须具备的品格之一。

问 那您认为我们应该如何做文学阅读？

答 文学阅读要讲方法。首先，要选择好书来读，选择适合自己的书来读。现在有些家长喜爱让孩子读知识性读物，尤其是要孩子看大量的教辅类书，这是不对的。应该多读一些适合孩子心理的儿童文学类书，西方学者早就研究过儿童文学作品特别是童话和童诗对于孩子的作用。学过学前教育和儿童教育史的人，就知道，在奴隶制时代，欧洲人就知道用民间故事和歌谣来教育孩子。欧洲的童话的产生，也是和儿童教育的需要一起诞生的，并不完全是一种文学行为。同时，要随着年龄的增长，提高文学经典的阅读门槛，而不是一下子就读那些更适合于成年人的书。其次，做文学阅读要注意做笔记，写心得。这样会促使自己消化所阅读过的作品的内容，同时也能够培养思考能力。另外，每天，或者是每周，都要做文学阅读，让阅读成为你的日常生活的一部分。阅读应该是一种习

第十辑
关于作文的对话

惯，有了这个习惯，你就会在不知不觉中提升自己的知识素养，变得聪慧。

问 文学阅读与写作的关系是什么？

答 有写作潜能的人，如果多读、多写，就能成为文学家。但写作不能全靠潜能，更不能靠天赋，写作更多的是靠勤学苦练，即多读书，读好书，多练笔，勤写作，这样才能不断提高自己的写作水平。阅读是写作的预备，没有一定的文学阅读量，没有对文学世界的敏感和悟性，就不可能写好作品。阅读也是生活经验的积累过程，让人见世面，让人长智慧，让人长能力。我一直认为，人人都能成为作家，只要他去多读多写，坚持不懈，就能创作出好作品。

问 请问怎样写好作文的开头？

答 俗话说："万事开头难。"很多人在学习写作的时候都有这方面的体会，刚下笔的时候总是没什么话可说，或者写完了总是觉得不满意。我自己也有这个体会，记得刚学习写作的时候，总是刚写了开头，又觉得不行，于是就把稿纸撕掉了，这样反复好几次，有时候一篇作文写下来，作业本都撕了一半。一个学期结束了，发现自己单是作文本就用了好几个。根据我的理解，作文之所以写不好开头，主要原因有两点：一是对作文题目理解不足。还没有理解好题目就草率动笔，当然会觉得自己写得不到位，没有把题目的含义理解透。有时会发现，自己写的好像不是这个题目需要的，也就是偏题或跑题了。二是没有整体的构思。写作文是一定要先构思的，一定要把自己要写的、怎样写的基本的框架在肚子里想好，对需要哪些起码的材料也应该心中有数。比如，写一篇题为"毅力"的作文，这显然是可以写成议论文的，但是怎么写呢？首先应该谈谈对"毅力"的理解，这样开头就让人知道什么是"毅力"，然后就应该谈谈"毅力的价值或意义"，当然这需要用事例来说明"有毅力"会怎么样，而"没有毅力"又会怎么样。也就是说，得从正反两方面来论证"毅力"的好处。文章的最后，还得归纳一下自己的观点，明确表达对"毅力"的看法。这样一来，文章的思路就很清晰了，整体性也就出来了。作文思路清晰了，构思成熟了，开头就会有话说了，不但一说就切题，而且越写越顺畅。

问？ 怎么写好作文的结尾？

答 作文结尾是很重要的,正所谓,优秀作文要达到"凤头、猪肚、豹尾"。"凤头"说的就是开头要精彩、引人入胜。"猪肚"说的是文章中间的主体部分要内容充实,叙事也好,论证也好,描写也好,一定要给人丰富的感觉。而"豹尾"说的是结尾一定要画龙点睛,要起到与前面呼应,和中间能够配得上的目的。有的学生作文时不知道怎么收尾,主要是因为写的时候没有考虑自己写的是否应该和主题相协调,因此写着写着就散开,收不拢了。无论是写人、记事,还是说理,写到最后,都要强调一下自己所要表达的东西。如果是写人的作文,最后可以强调一下自己对笔下这个人的看法和印象,突出一下这个人物形象的性格。如果是记事作文,可以强调一下这件事对自己的影响,或者这件事给自己留下了什么印象,形成了什么重要的感觉。如果是说理文,最后得明确自己要说什么,明确表达自己的观点,与开头呼应起来。

问 写作文怎样才能吸引人?

答 这个问题是每一个学生都想过的,谁不希望自己的作文能吸引人呢?说实话,如果一篇作文吸引人了,那么它就写得非常成功了。也就是说，要达到"吸引力"的效果，那可是写作文的最大问题，也是一个需要不断思考和重视的问题。无论谁多么会写作，哪怕他已经成了一个大作家，这个问题依然是一个重要问题。这里，我想说一点，那就是，要想吸引别人，先得吸引自己，感动自己，让自己觉得特别有趣。如果自己在作文里说的话，描绘的人，叙述的事，自己都不感觉新鲜，那这样的作文是不可能吸引人的。因此，要写出吸引人的作文，先要写出自己满意的作文，自己愿意读了，别人也不会忽视的。

问 为什么每次写作文都写不出新意来？

答 好多学生写作文时都有这个感觉，就是老是觉得没有什么可写的，或者说，即使写，好像也写不出什么有新意的东西来。说的是套话，叙述的事情总是很平淡，描绘的人物总是很平面，说出的道理也很教条，没有特别让人觉得好笑、好玩、好记或入心的感受。导致这种困境，我觉得主要有两个原因：一是观察不够，理解不够。写作文，特别是描绘一个人，一定要善于观察。平常我们周围那么多人，每一个都是不一样的，每一个人身上都有不同于别人的行为、语言、习惯和性格，只要善于区别，善于把周围的人进行分类，就能用你自己的话，把他们区别开来，让别人一读，就知道这是写谁。二是有些学生习惯写套话，别人怎么写，自己也怎么写，完全按照套路去作文，这样的作文看似标准，却没有个性，也没有自己独特的经验和个性化的思考。有的学生喜欢在作文时用一些华丽的辞藻，以为用的形容词多，就是"新"。其实不是这样的，"新意"应该是让人有耳目一新的感觉的"新"，应该是让人一读就觉得与别人的不一样的"意"。

人人会写作：
作文小论

十类作文体式的对话

一家作文杂志的编辑问我："您说作文分成记叙文、说明文和议论文等三种很笼统，学起来很容易感到枯燥，那您怎么让学生理解这三种作文体呢？"我告诉她："我在辅导学生作文时，会把作文分成十来种体式，让学生按多种体式学习，会更有趣些。"

下面结合这位编辑的提问，就十来种作文体式做一些介绍，希望有助于小学或中学作文教学朝着创意写作的方向开展。

问 谭老师，作文可以分成多种体式，是哪些体式呢？

答 一般来说，作文就是记叙文、议论文和说明文，这也是语文教育界七十多年的共识了。但我觉得作文可以分成至少十类，如写人作文、记事作文、状物作文、绘景作文、观点作文、诗化作文、日记作文、书信作文、幻想作文、创意作文等。这样划分，不但有利于作文教学，而且可以促使语文老师从十个方面对学生进行作文训练，逐步走出作文陷入重复性教学和练习的困局。

问 怎么理解写人作文？

答 写人作文属于记叙文，就是以某一个人为主角的作文。这样的作文里，通常要描绘他的外貌，描绘他的行为，描绘他的情绪、情感和态度等，并把这个人物的思想表达出来。写人作文，不是写小说，所以不要写很多与他有关的事情，也不要叙述他的一生。只要抓住这个人物的一两件趣事，尤其是将最能表现他的性格和特点的言行描述出来，就能够让读者留下深刻记忆。

问 记事作文怎么写？

人人会写作：
作文小论

答 记事作文也是记叙文，其实就是讲故事，就是要完整地讲述一件事情。记事作文里的事情毕竟是某一个人或某一群人身边发生的事情，一定会有这件事情发生发展的来龙去脉，因此，记事作文不仅要条理清晰，叙述有先有后，而且一定要表达作者对这件事情的看法。记事作文是记录，因此还要注意记录的特点。当然，记事作文，可以写自己的亲人的事，也可以写自己的老师和同学的事，还可以记录自己在社区、街道或旅途上看到的事，还可以记录自己从新闻报道和网络上看到、听到的事。要写出优秀的记事作文，需要多观察生活，多接触外面的世界，养成记录的习惯。

问 状物作文怎么写？

答 什么是状物作文？状物，就是以物（物件）为主要描绘对象进行描写。状物作文通常是以动物、植物或其他生活中的物件作为描绘对象，讲述与其有关的故事的作文。写这类作文，需要仔细观察，找到这一个物件的独特之处，发现它与其他物件不一样的地方，这样不仅能描绘得准确，而且还能达到生动活泼的效果。当然，状物作文，也要有情感的表达，可以抒发对这一物件的喜好或赞叹，也可以表达对这一物件的一些思考。状物作文，最需要准确的描绘和自然的表达。

问 绘景作文怎么写？

答 小学作文和中学作文都没有把景和物分开，训练缺乏针对性，课程目标很模糊。其实，绘景和状物是不一样的，应该分开训练，会更好一些。绘景作文就是要描绘景物，要把自己游览或观赏过的景物、景点的独特美感描述出来。因为主要是描绘，因此要学会准确地用形容词，把这个景物、景点的形貌、气质、风格和历史底蕴都准确清晰地描绘出来，且最好把景物、景点中最突出的部分或最让人难以忘怀的某一处景色描绘出来。所以绘景作文不要面面俱到，只要突出一点两点就可以了。当然，绘景也要抒情，合理地通过景物的描绘来表达自己的情感，表达自己的惊喜、赞叹，是非常必要的。

问 观点作文怎么写？

答 什么是观点作文？一般那些以表达自己的观点为主题的作文，都属于观点作文。过去所说的议论文、说理文，都属于观点作文。但有些人表达自己的观点，不像一般的议论文那样完全是以议论为主，而是讲一个故事，或描绘一个风景，或读一本书，然后再通过故事，或借助景物，或凭借书籍，来表达自己的观点、看法，倾吐自己的愿望。这样的观点作文，不但让人很容易接受，而且也给人以亲切感。不妨读一读那些通过讲故事来表达观点的优秀作文，看看它们是怎样表达观点的，和抒情是怎样有机结合的。

问 诗化作文怎么写？

答 什么是诗化作文？当然，写诗自然就是诗化作文了。小学生喜爱写诗，尤其喜爱读儿童诗。有些语文老师发现了这一点，就鼓励小学生写诗，也通过诗教来提高学生的语文和作文能力。不过，诗化作文还包括那种作文写得很有诗意，且像散文诗一样的作文。另外，有些很富有诗意，且抒情性很强，语言也具有意象美的作文，我觉得也可以算是诗化作文。写诗化作文，需要多读诗，并且学会用诗一样的语言来描绘景物，来营造情境，来表达心情。

第十辑
关于作文的对话

问 日记作文怎么写？

答 日记，就是天天记，即每一天都把自己的所见所闻所感记录下来。我在之前的文章里说过，写作主要是记录、表达和创造，因此日记属于记录性写作。但写日记，如果不是很用心地选择材料和表达情绪、情感和态度，是很容易写成"流水账"的。一般来说，每个人的日常生活都很有规律，甚至很平常，基本上和大家一样，比如吃饭、睡觉、学习和工作，等等，都是差不多的。日常生活一般没有什么大事，也不会有什么惊天动地的感受，但只要认真思考和提炼，从日常的节奏、平凡的经历中，体会一些不一样的感受，发现一些新的动向，或者找到一些新的问题。这样一来，日记里就会有新的故事，新的经历，新的感受，日记也就会变成新鲜且有意义的作文了。

问 书信作文怎么写？

答 书信作文是一种重要的作文，近几年高考都考过书信作文。每一个人都写过书信，有人给远方的亲戚或朋友写过信，有人给老师和同学写过电子邮件，还有人在网络上留过言。另外，有些学生还在父亲节、母亲节时给爸爸妈妈写过信，也有的学生会在教师节的时候给老师写一封信，等等。这些都是书信，不过有些是不用在纸上写的书信罢了。书信，是有格式的，其表达方式和一般的作文是有差别的。因为有收信人和写信人，所以写信时一定要在开头礼貌地称呼收信人，在结尾诚挚地表达感谢，并注明写信人的名字。书信里，一定要把自己要说的事情叙述得很简练，或把自己要讲的观点看法表达得很清晰，这样一来，收信人一读就明白了，既理解了写信人的内心，也领会了写信人的意图。另外，写书信时，因为收信人的角色及其和写信人的关系不同，态度、情感和语言都要有所差异。写给老师的书信和写给同学的书信，态度和语气都是不一样的。

问？ 幻想作文怎么写？

答！ 幻想作文写的当然不是现实中的人、事、物，而是想象世界里的景物、人物和发生的事情。幻想作文，可以写成童话，也可以写成童话诗，还可以写成科幻故事、科幻小说。要写出好的幻想作文，不仅要尽量选择有趣的情节，还要写出别人想象不到的奇怪的事情或人物，这样的幻想作文才会令人惊喜、引人入胜。

问？ 创意作文怎么写？

答！ 创意主要就是创新，就是语言形式上要创造新的形式，内容表达上也要有创意和创新，也就是说，创意作文要不落俗套，要给人新鲜新奇的感受。有些学生写的记叙文，讲故事讲得好，结构很新颖，塑造的人物也给人以新鲜感，选择的视角很小很新，采用的叙述方式也很新颖。还有的学生写的故事，要么就是选择了别人可能容易忽视的事例，要么就是作文的形式和内容的安排别具一格。令人欣赏的创意作文，是那种把常用的文字变得神奇，变得很迷人，变得令人惊讶的作文。

作文要克服一个个问题

记得十几年前,深圳一家中学邀请我去做讲座,文学社的指导老师很希望我讲一些如何写作才能当上作家的方法。那次讲座,我回答了如下一些关于作文和写作的提问。

第十辑
关于作文的对话

问： 老师，有什么办法把作文写得好一些？

答： 写作文并不难，只要识字量达到 3000—5000 字，会用一些基本的词汇，掌握了一些基本的句式，就能写好作文，并且能够尝试写语文课本里出现的各种文体。会不会写作文不是一个很大的问题，关键是要去写。很多学生对着作文题目不知如何动笔，是因为他不知道写作文一定要把自己的生活经验写出来，从有趣的生活体验中找到写作的素材，找到表达自己思想的突破口。我连续多年参加《中国少年报》编辑部主办的"好娃娃杯"作文评奖，发现好的作文有个特点：作者都只是或者着力写一件事，写一次有趣的经历，写一场难忘的对话，写一个好玩的小动物；或者用一种特别的角度，用一种俏皮的语言，用一种令人惊奇的构思写作文。写作文不要求长，也不要求深，更不要求写什么大题材大思想，而是要学会从日常生活中找到灵感，找到有情趣、有意义的事情来。

问： 有什么办法可以把作文的字数写得多一点？

答： 写作文常常会遇到写着写着没有多少话要说了的尴尬。有些学生，老师布置一篇作文，别人能写出一千字，而自己却只写了三五百字就写不出来了。有些人写作文好像是在挤牙膏，很费劲。为什么会出现老挤不出来的情况呢？这是因为：一、练笔太少；二、每次练笔没有按照作文的基本规矩，只是随意写。有的学生写作文总写不长，还和没有构思好就轻率下笔有关。写作文，需要讲规矩，需要养成好习惯，多动笔，多写，且按照基本要求去写，写多了，就熟练了。那时，就会觉得语言在自己笔下活了，就会觉得无论遇到什么，看到什么，想到什么，自己都有话可说，都能做出一篇文章。建议多动动笔，多写写，可能刚开始的时候写得短一些，字数少一些，时间长了，就会发现自己能写出篇幅长且精彩的作文了。

问 怎样写才能不偏题跑题呢？

答 好多读者都问过我这个问题。所谓"偏题"，就是写着写着，离文章的主题越来越远，结果题目是一回事，而文章的内容是另外一回事。写作文要切题，就是要紧紧围绕主题来写。其实围绕主题来写并不是什么难事。写一篇议论文，需要表达什么观点，那么列举什么事例就要以论证这个观点为目的和标准。如果举的例子说明不了自己要表达的观点，那这个例子就没说服力，就用错了。如果写的是一个人，那么所描写的、所叙述的，必须有助于刻画这个人物的形象，有助于塑造这个人物的性格。如果作文里描写的和叙述的和这个人物没有什么太大的关系，那就是离题了，或者说写的都是废话。如果写景物时，不去着力描绘景物的特点，总介绍其他的信息，那也就偏题了。因此，描绘景物时，一定要对景物最主要的特点进行描绘，让读者了解这个景物。

问 老师说中心思想是文章的灵魂，可是我写文章总是"灵魂出窍"，抓不住中心思想，我该怎么办呢？

答 这种情况和偏题相关。根本原因在于不会安排结构，不会布局谋篇。写作文一定要有框架。这个框架，说白了，就是一个比较合适的说话范围。打一个比喻，平常和人聊天，如果有一个比较好的话题，一个比较好表达的范围，那么就不会瞎扯了。因此，写作文需要好好构思，自己没有把问题想清楚，自然无法清楚准确地表达对这个问题的看法。如果写人时，不知道写他的什么，不知道从哪里开始着手，那怎么谈得上把这个人写得活灵活现呢？如果想状物，就要想想怎么描绘好这一物，描绘出它与众不同的特点，这样就很容易写好状物作文。如果想表达一个观点，得想清楚，这一观点是否值得立论，是否值得自己组织材料和举例来论证它。想清楚了，中心思想也就抓住了。另外，想论证一个观点时，得想办法论证得有理有据，让人信服，这也是要注意的。总之，作文是一件不容易的事情，得用心组织文字，得让笔下的文字有序且有所凭依。

问： 在我眼里，所有的事情几乎都千篇一律，所以我写文章也是千篇一律，请问观察时怎样才能抓住重点呢？

答： 回答这个问题前，我想知道这个学生是否经常做课外阅读，是否经常读别人写的好文章。如果经常品味那些名家名篇，就会发现这些作家的心思都是非常敏感细腻的。一个心灵粗糙的人，是不会感应外物的，文学熏陶最重要的价值就是培养人细腻、敏感、美好的情感世界。如果一个人不是常常心有所动，他是不会感觉到别人、他物有什么差异的。如果我们时刻能感受到人与人、物与物之间的差异，就基本具备了良好的观察力和感受力，也就差不多可以写好笔下的人和物了，也就不会因为抓不住重点而苦恼了。课外阅读非常重要，写作的前提是阅读。多阅读，一来可以找到文字的范本，二来可以找到情感的归宿，三来可以培养对文字的敏感，会自觉地用文字来表达自己的喜怒哀乐，表达自己的经历和思想。

问： 我写作文时很善于想象，可是常常是天马行空的瞎想，想不到点子上，写出来的文章自己看着都假，请问怎样才能展开合理的想象呢？

答： 这是个很典型的问题。许多学生都爱想象，可是写起文章来，想象世界却是混乱的，且给人感觉是瞎想。这主要是因为没有搞清楚想象的合理性。所谓想象的合理性，就是无论我们的想象多么自由，都得有一个度，一个范围，一个立足点，得回到开始出发的地方。也就是说，想象应按照事情的发展逻辑来写，不能破坏故事情节的完整性和有序性。事物发生发展得有个开端和终结，不能没完没了，否则就给人感觉写的事情荒唐可笑，这是故事的逻辑——想象至少要遵循这个逻辑，不然就无法写出一篇完整的想象作文或幻想小说。现在有些幻想故事没有很好的逻辑性，让人读后误以为那就是幻想，其实是文化垃圾。如果想写好作文，就要多读读优秀的幻想故事。其实许多经典的童话都是很有幻想性的，不妨选一些读读，以促进幻想小说的写作。

问 我写人时从来不会描写人物的心理，老师说我写的人像行尸走肉，一点都不生动，我该怎么办？

答 人与动物一个重要的区别，就是人是会思考的，而动物是靠本能生存的。正因为这一点，所以人的世界也是最为复杂的，特别是内心世界，非常丰富，喜怒哀乐等各种情感都在人的心灵深处潜伏着，一旦有某件事触发，它们就会像河水一样奔泻出来。如果作文要写人，那一定要把这个人的心理写出来，把独特性写出来。写出来了，这个形象就活了。当然，写人的心理时，要记住，写的是"这个人"，不是"每一个人"。如果笔下的心理描写放在谁的身上都合适，也就是说，如果笔下的人想的和别人想的没有什么两样，那这篇作文里的心理描写就没有意义了。如果有老师说谁写的人像"行尸走肉"，就是说写的人的心理是僵硬的，说明笔下的人不但语言和行为都没有动感，而且说话和做事也没有个性。要想笔下的人物生动活泼，

第十辑
关于作文的对话

请记住，要好好观察别人的眼睛，观察别人的语言，观察别人的行为，看看是不是每一个人都有不同的特色。最后，建议不妨记记日记，在日记上先尝试描写一下周围同学的心理，描绘一下自己遇到不同事情时的心理，体会不同的心理可能反映出的不同的性格或态度。

问 请问，怎样审题？

答 审题是写好作文的关键。所谓"审题"，就是要理解这个题目意味着什么，写什么才能和作文的题目相符合相协调。作文的题目不外乎两种：一是实题，即很具体的或景或物或人或事的题目，这样的题目需要写实在的人、景、物或事，如"我的老师"，就是需要写"我的老师"这个具体的人。那么怎样写呢？写什么呢？如果搞清楚了这两个问题，就说明审清楚题了。一种是虚题，即包含很抽象的问题或观点的题目。如"恒心"，这样的文章题目就是一个很抽象的概念。又如"失败是成功之母"，这个题目就是一个主观的判断。面对这样的作文题目，应该怎样写呢？想清楚了，就说明已经审清楚题了，知道自己应该从什么角度，以什么方式来论述自己的观点了。审题不清，就容

人人会写作：
作文小论

易导致自己无法动笔，或者动了笔，也会偏题、跑题、离题。

问 春天到了，春暖花开，正是写景的好时节，请问写景有哪些技巧呢？

答 春天来了，如果想写好作文，最好出去看看。可以和爸爸妈妈一起到原野里看看，到公园里看看，观察一下花草树木的变化，观察一下原野和河流的变化。也可以和同学一起去爬山，去远足，当然这也需要征得爸爸妈妈的同意。我特别喜欢到原野里、树林里，或山坡上，去观察小草和树木发芽。小小绿芽爆出来的时候，非常令人欣喜。每次看到树干上爆出的嫩嫩的小芽时，就觉得生命很神奇，也很值得我们赞美。因为新的生命总是令人振奋，令人鼓舞。不知道其他的朋友是否感受到了春天带来的这种愉悦的感觉。我希望每个人都拥有这种美好的情感。写景色，说到底，需要用心来感受春天一草一木的新的变化，如果自己的心灵深处感应到了春天生命的律动，就会不由自主地去抒写。所谓的技巧，就是一旦喜欢它，就会自觉地去描绘它，诉说心中的激动与爱。

第十辑
关于作文的对话

问 暑假很多家长给自己的孩子列书单,要求孩子读完什么中国古典四大名著、西方文学经典。您建议家长如何选择儿童读物?为什么?

答 许多家长都不太知道如何指导孩子课外阅读,都以为读大部头的名著,读西方文学经典就是对孩子好。经典名著是要读一些,但是对小学生来说,过早读大部头的名著是不适合的。名著字数太多、篇幅太长,孩子们没有那么充足的时间和精力去慢慢读这些长篇。而且《红楼梦》《三国演义》《水浒传》和《西游记》等有太多的成人世界的内容,不太符合孩子的心理需求。虽然我小时读过四大名著,那是因为课外阅读条件有限,还接触不到优秀的儿童文学经典。同样,对西方的文学经典,我们许多的家长包括老师,都只知道那些很"成人"的作品,而对西方儿童文学经典了解甚少。对小学生来说,即使读西方文学经典,也最好是选择那些真正符合孩子审美趣味,与他们的童心世界相通的童话、小说等,如《安徒生童话》《格林童话》《小王子》《夏洛的网》《尼尔斯骑鹅旅行记》《吹牛大王历险记》《木偶奇遇记》《海蒂》《小公主》《随风而来的玛丽·波平斯阿姨》和《青鸟》等,这些作品在欧美国家

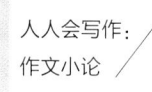

也是儿童阅读的首选读物，差不多是每一个人的童年经验的一部分。我也建议家长给孩子订一份口碑比较好的儿童文学杂志，或订一份比较好的报纸。因为杂志和报纸上的文章相对短小些，且和孩子的生活贴近，读起来轻松，也很容易融入日常生活。《儿童文学》《少年文艺》《小学生拼音报》《作文》《童话王国》《少年月刊》《农村孩子报》和《妙笔》等就很适合小学生、初中生阅读。家长还可以购买一些中国作家的小说、童话、童诗给孩子阅读，如曹文轩、张之路、张秋生、王宜振、伍美珍、冰波、顾鹰等作家的作品写得都很不错。

问：儿童读物该怎么界定？您怎样看待家长期望自己孩子多读名著的心理？

答：儿童读物主要就是"童书"。给孩子看的书，适合孩子看的书，都可以叫"童书"。当然，儿童读物里也包含了儿童报纸和刊物。童书有知识性，也有文学性。不少家长更希望孩子读知识性的书，而把孩子读文学性的书看作不务正业。这个观点应该转变过来，因为儿童文学书其实是孩子精神生命健康成长的必需品。从小没有接受过文学作品熏陶，心灵容易粗糙而坚硬，甚至可能是冰冷的。读过西方儿童教育史的人一定会知道，在奴隶制时代，欧洲国家就知道用神话、故事和歌谣来教育孩子了。而且欧美国家许多学者都研究过儿童文学的社会价值和教育意义，他们认为童话、童诗、故事、寓言等在孩子的成长过程中有着不可忽视的作用。现在很多家长都期望孩子一开始就读大部头的名著，其实是拔苗助长的心理在作怪。我尤其反对给孩子看大量的教辅书，特别反对让幼儿、小学生去摇头晃脑地读经诵经。传统文化里也有很多糟粕，需要批判和筛选，不能未经筛选就一股脑儿送给孩子。那些经过筛选且经过儿童化的改编的优秀传统文化可以成为儿童教育内容的一部分，但是不要太早让孩子去读那么多的古书。一定要避免让儿童读经诵经，避免把成人的教化性的东西都塞进纯真的童心。孩子的世界是感性世界，给孩子读的作品最好是感性些，温暖些，亲切些，友好些，生动些，朴素些。即使是给孩子读一些传统文化读本，也应该用适合孩子接受和理解的方式，而不是用鲁迅先生等新文化运动先驱早已批判过的古板方式。

问 孩子的思维是原始思维，您能解释一下吗？这种思维

人人会写作：作文小论

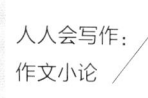

决定了儿童阅读的什么？

答! 人刚从母腹里生下来时，和幼兽没有什么区别，还没有完全社会化，这时的思维就是原始思维，即个体生命的童年时期的思维和人类的童年时期是一样的。原始思维主要是一种"泛灵论"的思维，即主客不分，自我中心主义，有着这种思维的孩子们眼中的动植物都是拟人化的。这种思维使得孩子与动物世界，与大自然有着天然的亲近。而以动物、植物为主要形象的童话，正是满足了孩子的这一心理思维特点。还有写大自然的动物、植物的童诗，也一样，特别适合孩子阅读和听诵。处在原始思维时期，孩子主要依赖感觉器官来接受新事物，那些色彩鲜艳的图画书和具有音乐美感的文学作品就特别受他们喜爱。不过，儿童的阅读权是在父母和老师手里的，因此父母、老师要理解孩子的心理，了解孩子的思维世界，这样才会选好适合儿童阅读的书。

问? 有人说儿童的发现是现代社会的标志之一，您怎么看？您觉得我们目前的儿童读物对儿童的关注够吗？

答! 在一个完全"成人霸权"的社会，"儿童"是被遮蔽的。

第十辑
关于作文的对话

所谓"发现儿童",就是要知道儿童也是一个独立的生命个体。尊重儿童,呵护童心,捍卫童年,就是要给孩子应该得到的物质的和精神的营养。与儿童应该得到的权利相比,现在整个社会对儿童的精神需要的关注是不够的。儿童读物对儿童的精神需要关注也不够,主要体现在两个方面:一是童书出版有不少乱象,不少是以盈利为第一标杆。许多儿童读物不但不可能给孩子带来精神上的愉悦和提升,反而会使孩子的精神世界受到挤压和消解。有些引进版童书,根本不适合中国孩子阅读,即便在国外也是文化垃圾,但却成了许多家长竞相购买的"好书"。二是一些少儿出版社不重视优秀儿童文学作品的出版,花大量精力去做教辅书,且已有的童书出版存在比较严重的"重复出版"现象。其实出版界,尤其是少儿出版社,应该做一些有益的儿童文学阅读的推广工作,应该在促进儿童的有益阅读方面尽一些力。这也是出版社谋求自己长远利益的必经之路。

问? 请问市场上适合孩子阅读的书多吗?电子读物和有声书为什么会受到孩子的欢迎?

答： 目前市场上打着童书旗号的书非常多，甚至可以说是泛滥成灾，可是真正适合孩子阅读的书却是有限的。而且那些少量的好书，也被所谓的流行读物淹没了。一些家长和老师本来就缺少儿童文学知识和儿童阅读知识，所以更无法判断和辨别童书的优劣。要知道，一时受到孩子喜爱的书不一定是孩子好的精神营养，孩子的阅读趣味是需要提升的，是需要引导的。现在许多书通过媒体一炒作，立刻就流行起来；书一流行，孩子就觉得很好。我曾经说过，我们给孩子的应该是让他们跳起来，或者是踮起脚才能够得着的"苹果"，而不是让他们不费力就能够享受的"快餐"和"软饮料"。建议家长和老师给孩子推荐一些中外优秀的儿童文学作品，也可以选择一些适合孩子阅读的现代新诗和散文，让课外阅读和语文教育真正有机结合起来。

读书与写作之路

北京一家文艺专业报社的记者对我做了一次采访,后来整理成了一篇专稿发表。这里把采访问答呈现出来,与读者分享。

人人会写作：
作文小论

问 有人说，上个世纪80年代读者的阅读状态就像海绵，只要是知识就会去吸收，阅读范围广泛，阅读兴趣很高，您认同吗？如果认同的话，请您举出一两个故事具体给我们介绍介绍。

答 的确是这样的，我记得那时候我由小学进入中学，在中学时代，我的阅读兴趣非常浓，而且零花钱几乎都用在购买图书上。中学时我最喜爱阅读《人民文学》《当代》《十月》《青年文学》和《湖南文学》等文学刊物，还特别喜爱阅读《儿童文学》《少年文艺》和《中学生》等少儿杂志。书店是我最喜爱去的地方，因为在那里能够看见很多著名作家的作品。初中、高中时，我对文学、历史类书籍可以说非常入迷。记得读初一时，晚自习后，回到家里，爸爸还在备课，我呢，躲在蚊帐里，偷偷地用手电筒把繁体字的《三国志》读完了，《水浒传》《西游记》《红楼梦》《基督山伯爵》《茶花女》《牛虻》和《汤姆·索亚历险记》等名著都是在初中读完的。那时候，差不多把所有能读到的上百种名著都读了一遍，以至于我爸爸都很反感了，因为他怕影响我的功课。因为当时还有不少家长认为读文学书籍对考试没用，是不务正业。上高中时，我也几乎把当代作家的作品全读了一遍。我一直记得铁凝、贾平凹、梁晓声、蒋子龙、刘兆林、张长弓、蔡测海、韩少功、张洁、路遥、艾青、梁小斌、舒婷、顾城等人的小说和诗，也记得林斤澜和汪曾祺的散文，他们的作品构成了我青春难忘的记忆，也间接地促使了我以后走上了文学道路。

问 1980年代，您最喜欢读什么书？

答 那个时候，我的阅读面非常广，差不多所有的文学名家的书我都读过，尤其是"知青文学""伤痕文学"和"反思文学"作家的小说作品和"朦胧诗人"的诗集，还包括那时候年度小说获奖作品集，我都收藏过，阅读过。那是一个文学的时代，更是一个文学阅读的时代，青少年几乎都热爱文学，热爱阅读，也可能是那时好的书籍相当少，一般读者还是读不到自己想读的书。

问 您读了这么多书，真令人羡慕。其中有什么让您记忆犹新的读书故事？

答 关于读书的故事很多很多，大多数并不特别令人惊奇，

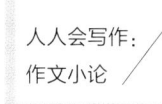

因为在当时来说,课外阅读文学书籍对我来说,就是一件很平常的事,而且我当时也有这个条件。我家里虽然很困难,但爸爸每月会给我一点零花钱,我都可以用来买书,另外我的大姨父很爱买书给表哥读,表哥那里有很多中外名著,所以我的家庭阅读条件在当时是特别好的。不过,在读书的过程中也发生了一些很值得回忆的事。我写了好几本童年散文,里面都讲述过,比如我写过一篇《新华字典的故事》,讲述的就是为了读懂名著,我想尽办法买了一本新华字典的故事。

问 与现在相比,您对待阅读的态度有什么变化?为什么?

答 我的文学奠基无疑是在童年和少年,但真正的成长却是在大学时期。今天我的阅读还主要是集中于文学,不过由于知识视野的扩大,再加上教学和研究的需要,我对于学术书的阅读非常多。我一般不通过电子媒介来阅读文学作品,尤其是经典作品,不过会通过电子媒介来寻找资料和信息。只有写学术论文时,会用到中国知网等数字媒介。电子媒介对阅读有很大影响,但书籍文化的魅力,我想是不会因为电子媒介（尤其是新媒介）的出现而消失的。电子媒介对人的影响主要是思维方式和认识论的影响，但对图书的直接负面影响不应该被夸大。我一直觉得读书是一种美好的生命体验，不读书，或者不读经典，对我来说，是很难想象的。

人人会写作：
作文小论

为了孩子，愿意做得更多

　　2012年，北京市朝阳区的北师大奥林匹克花园实验小学的校长董仕峰非常信任我，常邀请我去该校做语文教育指导，包括参加一些阅读活动。于是，和该校结下了深厚的友谊。当时，该校的校报还特意发表了该校负责课外阅读的陈雪老师对我的专访。下文是校报刊登的陈雪老师写的采访记。

第十辑
关于作文的对话

儿童文学,早在十九世纪的欧洲,甚至更早就已经进入繁荣期,安徒生、科洛迪、格林兄弟等大家的作品陪伴了世界各地一代代孩子的成长。但是在中国,真正的儿童文学直到晚清才开始陆续问世,而真正成为一个独立的文学门类要晚至五四新文化运动之后。起步之晚,足以说明,中国儿童文学之路要更加艰辛与任重道远。

幸好,在这条中国原创儿童文学之路上,我们拥有许多为之辛勤耕耘与付出的人,谭旭东老师,就是一位。他一直酷爱文学创作,出版了很多书,也从事文学翻译和文艺理论研究,获得过我国最高文学奖——鲁迅文学奖,是目前国内儿童文学界唯一获得此奖的作家和评论家,也是当时国内获得鲁迅文学奖最年轻的文艺评论家。

预约谭老师的采访,是一件愉快的事情。与谭老师虽只有一面之缘,又是在一年多前,但是简单的自我介绍后,却听到谭老师清新爽朗的笑声:"噢,是陈老师,我记得您。您带着师大奥小的小记者们采访了我,您的学生给我留下了很深的印象,我即将出版的新书还选用了与您和小记者的合影,我会送您一本的……"谦逊而具有亲和力的声音,很快地,使我与这位知名作家的距离拉近了。

问 您出身于中学教师家庭,您自己也曾在大学教了多年的英语,可后来选择了儿童文学,是什么原因促使您发生了这样的转变呢?

答 小时候,家里就有很多世界名著,其中也有一些儿童文学名著,从小就受到良好的文学熏陶。我在多篇短文里都提到了这些经历。我最早是学习写诗,再学习写散文,后来学习做文学评论,在国内已经有一定影响后,开始主要从事儿童文学创作和研究。我是一个单纯的人,是一个很有童心的人,另外,性格比较柔软温和,也喜欢孩子,所以选择儿童文学有性格的原因。当然,近十年来,我致力于儿童文学与儿童教育,主要还是觉得这一事业值得做,这么多的儿童,需要有一些人为他们的成长铺路、打基础,于是,我也投入进来,为儿童写作。另外,这么多人在写儿童文学,可是,很少有人关注儿童文学,也很少有人研究儿童文学,为儿童说话,为儿童文学说话,于是,我也渐渐投入进来。

问 您的创作和评论一直走在中国原创儿童文学之路的前端,且坚持这么多年,请问您最大的收获是什么?

第十辑
关于作文的对话

答 我的创作之路一直比较顺利，多年来，没有受到什么太大的挫折，出版了儿童诗、童话等，儿童文学评论和论著的发表和出版也很顺利，这与师友的鼓励和支持是分不开的。其实，从事文学创作与研究和做别的事情一样，只要坚持不懈，努力探索，就会有收获。我最大的收获是写了几本受孩子喜爱的童诗集，也编了很多受孩子喜爱的儿童文学选本。当然，最大的欣慰，是自己的理论著作得到了社会的认可，并改变了一些人的观念。

问 十几年的创作之路上，您硕果颇多，那么您的创作灵感或源泉是什么呢？是您自己永远不泯的童心吗？

答 我经常会有创作的灵感。我的灵感来源很多：有时候是读了一本好的书、一篇好的文章或一首好的诗，因此突然有了写作的冲动；有时候，看到了很美好的景物，也想描绘和书写；有时候，和孩子一起玩耍，也有写作的想法；有时候，读了别人写的理论著作，受到了启发……其实要写出好作品，最重要的是读书和思考。另外，还要勤奋努力，学习他人，不然的话，不会有什么灵感的。

人人会写作：
作文小论

问 您也为您的孩子读诗、讲故事吗？您有什么经验和想法与所有的父母交流？

答 我喜欢孩子，经常和我的女儿谈文学，讲讲故事，读读诗。她妈妈做得比我好，经常给她读书。我们全家几乎不看电视，都喜爱读书，喜爱一起聊天，一起到社区里散步，也喜欢去爬山，等等。因此，女儿从小的写作能力就很强，小学一年级时就认识了很多字，而且能够写几百字的作文。孩子的阅读和写作能力与父母亲的阅读有很大关系，小学语文的奠基要靠家庭阅读，要有家庭语文做基础。建议爸爸妈妈们多给孩子读书、读诗，读优美的散文和故事。孩子的心灵本就纯净剔透，当他们接触到优美的文字时，会像天使一样神圣而可爱，为了他们，我愿意做得更多。但孩子的阅读条件好不好，关键还是要看爸爸妈妈们有没有这个和孩子一起读书的耐心、习惯和选择好书的品位。

问 您那本《夏天的水果梦》，我非常喜欢，能谈一谈您的创作初衷吗？

答 这本诗集是2007年出版的，至今已经有三个版，三个不同的封面，加印了几十次，发行量不小，也很漂亮，堪称最美的诗集。2011年我还在新世纪出版社出版了一本儿童诗绘本《跳格格的日子》，现在也再版了，它的版权还输送到了台湾地区，并且出版了繁体字版本。希望奥小的读者喜欢它们，并通过阅读它，更爱写小诗。我写作这些小诗，都是因为童心自然流露，从生活中找到美感，然后通过想象力来塑造意象，形成很美的意境。

问： 对于现在儿童文学的推广、普及、影响力等，您有怎样的看法和想法？目前国内的现状与国际上比，有什么差别吗？领先还是有很多不足？

答： 现在国内搞儿童阅读推广的人很多，但有两个问题：一是热心的人对童书的辨别力不够，无法很好地理解优秀童书的价值。二是推广太商业化了，受出版社的影响太大，因此一些推荐就缺乏客观性。希望国内的阅读推广人多学习儿童文学和儿童阅读的知识，另外，充分理解阅读的方法和技巧，不要一味强调童书的某一方面。欧美国家的儿童阅读推广工作不是个人行为，不是民间行为，而是政府来做的。相关机构组织专家，来推荐书单。我国在儿童阅读推广方面需要做的工作还有很多很多。前些日，我从网

> 人人会写作：
> 作文小论

络上发现有一个特有名的教育和阅读机构，它的专家列出的晨诵篇目，把我的五首诗都当成金波老师的了。我一问，原来他们就是从网上下载作品，所以容易出错。这种所谓最权威的阅读推广机构编的读物都这样，可见很多"阅读专家"不是真正读书的人，我怀疑他们只是把网络上的东西粘贴下来，传递给了家长和孩子们。因此家长要在多读书的基础上，学会自己给孩子选书。

问 您与北师大奥小合作，建立了名人书屋，并以个人名义为师大奥小的孩子们捐书两千余本，是什么原因使您参与了这样的一个活动呢？

答 当我第一次来奥小，见到这所美丽的校园，见到精神焕发的校长和老师们，还有一张张活泼可爱的孩子的小脸，我就想：我得给奥小做点什么。正好奥小有很好的空间，而我是读书人，家里也有很多童书，与其摆在家里一个人读，或者只是一家人读，不如送给奥小，给1000多个孩子们读。有一次来奥小，我把这一想法告诉了董校长，没想到得到了他的大力支持，奥小的老师们也很支持，家长们也非常高兴。今后，我还会继续给书屋添新书，争取让它变成一个很吸引孩子们的读书场所。语文学习和写作能力的提高需要大量阅读，希望书屋能拓展孩子们的阅读面，培养语文学习兴趣，提高作文能力。

问 现在无数孩子甚至是大人读着您的作品，被您的文字感动，可以说，在儿童文学之路上，您已经做了自己最大的贡献，今后，您还有什么设想吗？

答 首先谢谢陈老师的鼓励！谢谢奥小的老师们一直的信任和支持！谢谢关注我的所有读者！今后在追踪儿童文学创作动态、研究儿童文学问题的同时，我会适当把精力放在儿童文学创作上，争取多给孩子们写一些好作品，不但要创作儿童诗，还要创作儿童散文、童话等。这两年，出版社出版了我主编和创作的多套儿童小说、童话、童诗和散文作品，当当网、京东网等都有销售，王府井新华书店和西单图书大厦的销售情况也都很好。在几乎没有宣传的情况下，能有如此的销售量，也说明读者的信任很重要。我还会陆续出版自己的作品集，我喜欢为孩子写作。当然，我也希望写得越来越好！希望奥小的老师和同学们以及广大读者多多鼓励我，我会更加努力！

人人会写作：
作文小论

儿童文学写作四人答

应江苏作家陈小虎老师之约,2023年5月我回答了苏州工业园区胜浦实验小学几个孩子的提问,于《阅读》杂志2023年7、8期刊登出来。孩子们提出的问题很有趣,紧扣了他们对我的作品的阅读,也和写作相关。

第十辑
关于作文的对话

问（张人之 二年级3班） 谭老师,《松鼠的咖啡屋》中,"姐妹花"玫瑰被王子摘走了,蔷薇被诗人摘走了,那么月季最后被人摘走了吗?这个人会是谁呢?

答 这个人是一个有好奇心的人,也是一个爱美的人。不过,童话里的故事是想象的,生活中,当我们喜欢一样东西时,即便好奇,即便爱美,也能把自己喜欢的东西摘走或拿走。

问（周吴予默 一年级1班） 谭叔叔,您好,我和妈妈一起阅读了未来出版社出版的《我们在一起》这本作文选。您收集整理了很多来自不同行业的普通人对这场疫情的真实感受的文章,我和妈妈都被感动了。我很好奇,是什么力量让您这么做的?可以和我们分享一下吗?

答 谢谢你的提问!"我们在一起"是未来出版社举办的一个征文活动,得到很多孩子的响应,各地的孩子把自己亲身经历的,尤其是看到和想到的感受记录下来,我觉得这也是一种分享。写作就是一种分享,和读者,和更多的人分享自己的经历、体验和感受的一个方式。我担任这本作文集的主编,也经历过那场疫情,有很多感受,有很多

· 289 ·

想说的话。我想，这个作文集里所记录的，基本上我都看到过，但我也有自己的看法，不一样的看法。我有一个意愿，就是希望更多的人来记录，来对真实的生活进行记录和描绘，把每个人的真实体验写出来。

问（张馨元　二年级10班）　谭叔叔，读了您的儿童诗，我觉得诗中的内容特别有趣，而且仿佛就发生在我们身边。您是怎么以小朋友的视角观察得如此仔细，写出这样美好又自然的诗歌的呢？

答　谢谢你喜欢我的儿童诗！我第一次发表儿童诗是1995年，至今已近30年。我一直在坚持写，虽然和很多作家、诗人相比，作品质量并不是最高的，但我觉得自己的儿童诗是有特点的，也出版了二十来本儿童诗，得到了不少读者的喜爱。写儿童诗，需要观察、感受和感悟，从日常生活中，从自然花草树木中发现神秘的东西，从鸟儿的歌唱中找到美的旋律，从小兔和森林里寻找故事，从银河星空里敞开自己的梦想。无论是成人写诗，还是孩子写诗，都要有对外部世界的敏感性，要有语言的表达能力。当然，还需要坚持写，爱写，边写边提高。

问 （牛可馨 二年级7班） 谭叔叔，看过您的《长耳兔与陌生客》后，我觉得长耳兔好聪明啊，每次遇到坏人都能机智逃脱危险，可是为什么一定要写坏人呢？

答 很多童话里都有坏的角色，《格林童话》里就有善恶主题。作家在作品里写好与坏，是根据表达的需要；有时把好和坏放起来，是形成对比，这样读者一读，心里就明白了什么是好，什么是坏。明白了好与坏，就知道如何去选择了。我不相信一个人明白了什么是好，什么是坏后，他还会去做坏事——这样，不是阅读造成的，一定是他内心里早就价值观不正了，或者他的成长环境不好，也可能是遇到了别的诱惑。因此，我希望每个孩子都健康快乐，做一个勤奋、善良、正直的人。